LA PHILOSOPHIE
DE NELSON GOODMAN

REPÈRES

DANS LA MÊME COLLECTION

REPÈRES PHILOSOPHIQUES

Directeurs : Ruedi IMBACH et Michel MALHERBE

LA PHILOSOPHIE DE NELSON GOODMAN

REPÈRES

par

Jacques MORIZOT

et

Roger POUIVET

PARIS

LIBRAIRIE PHILOSOPHIQUE J. VRIN

6 place de la Sorbonne, V e

2011

© *Librairie Philosophique J. VRIN*, 2011
Imprimé en France

ISSN 2105-0279
ISBN 978-2-7116-2402-7

www.vrin.fr

ABRÉVIATIONS

Les références précises se trouvent dans la bibliographie à la fin du volume.

AA :   « L'art en action »
ATA :   *L'art en théorie et en action*
EC :   *Esthétique et connaissance*
FFP :   *Faits, fictions et prédictions*
LA :   *Langages de l'art*
MOM :   *Of Mind and Other Matters*
MM :   *Manières de faire des mondes*
PP :   *Problems and Projects*
SA :   *La Structure de l'apparence*
RP :   *Reconceptions en philosophie, dans d'autres arts et d'autres sciences*

À Jean-Pierre Cometti
J.M. & R.P.

En philosophie, tout effort pour rendre clair ce qui est obscur risque de demeurer peu attirant, car la peine, en cas d'échec, est la confusion, alors que la récompense en cas de succès est la banalité. (SA, p. 19)

UNE BIOGRAPHIE DE NELSON GOODMAN
(1906-1998)

Chaque ouvrage de cette collection commence par une biographie du philosophe. Dans les volumes précédents concernant saint Thomas ou Bacon, les auteurs n'avaient pas de connaissance «par accointance» de leur auteur. En revanche, les auteurs de ce volume ont rencontré Goodman, correspondu avec lui, à leur modeste mesure. C'est pourquoi le parcours biographique de Goodman ici proposé sera agrémenté de quelques souvenirs personnels, utiles, on peut l'espérer, à l'appréhension de sa pensée philosophique.

TROIS SOUVENIRS

Premier souvenir : la satisfaction manifeste de Nelson Goodman quand, en 1992, il découvrit une banderole déployée sur la façade du Centre Georges Pompidou à Paris. Il était impressionnant en effet de voir ainsi affiché en très grosses lettres lisibles de toute l'esplanade : « Nelson Goodman et Les Langages de l'Art ». L'un des temples de l'art contemporain consacrait un colloque au philosophe américain ! Que la reconnaissance de son travail, en ces lieux, ne laissait vraiment pas indifférent. Il n'était pourtant pas le genre de personne à manifester sa satisfaction, même modérément.

Second souvenir : la remise à Goodman d'un doctorat *honoris causa* de l'Université de Nancy, en 1997, dans l'Abbaye des Prémontrés de Pont-à-Mousson, à l'occasion d'un autre colloque : «Nelson Goodman : Manières de faire des mondes» (organisé par les Archives Poincaré). Goodman donna alors une conférence dont le texte, intitulé «Quelques réflexions sur ma philosophie» est un testament intellectuel :

> Il n'y a pas de philosophie de Nelson Goodman, pas plus qu'il n'existe quelque chose comme le doigt de Nelson Goodman. Il y a plusieurs philosophies, mais pas de bel agencement, bien net, de philosophies toutes apprêtées ; ce qu'il y a, ce sont des idées multiples, des conjectures, dans des domaines variés. (*Philosophia Scientiae*, 1997, 16).

Sur l'absence d'unité et de systématicité de sa philosophie, certaines pages du présent livre montreront que Goodman n'a peut-être pas été le meilleur juge ! Quant à la remarque étrange sur son doigt, ne peut-on pas la comprendre ainsi ? Ses pensées philosophiques ne sont en effet qu'un aspect de la personnalité intellectuelle de Goodman. À la différence de beaucoup de philosophes du xxᵉ siècle, il n'a pas été *seulement* un philosophe ; il a été un artiste (Putnam, 1990, 521), ce qui pour lui avait de l'importance ; il était aussi galeriste et organisateur culturel, il fut également un grand collectionneur. Ces activités n'étaient pas parallèles et indifférentes à son travail philosophique ; il ne s'agissait pas de hobbies ou de marottes, d'une récréation ou d'un jardin secret, un délassement du sérieux de la philosophie. La relation entre sa recherche philosophique et son amour de l'art deviendra même de plus en plus étroite. Ce qui donne une dimension inattendue et une touche très particulière à la fois au personnage et à sa philosophie – ou, comme il préfère le dire, à ses philosophies.

Dernière anecdote personnelle, qui vise à conforter la remarque précédente. De passage à Paris, Goodman invite dans sa chambre d'hôtel certains de ceux qui, en France, travaillent sur et à partir de sa philosophie; il veut leur montrer une vidéo de l'un des spectacles multimedia (peinture, musique, danse) qu'il a conçus et produits. D'un philosophe analytique, on s'attendrait qu'il souhaite échanger quelques arguments subtils avec ses interlocuteurs, en couvrant peut-être un tableau noir de formules logiques. On voit mieux l'idée que Goodman se faisait de sa philosophie, il avait jugé utile, pour la faire comprendre, de visionner son spectacle chorégra-phique, musical et plastique, *Hockey Seen*, qui porte sur le hockey sur glace! Cette projection avait à ses yeux autant d'importance, sinon plus, que de répondre à des questions sur tel ou tel détail de *La Structure de l'apparence* ou la signifi-cation précise de la «Nouvelle énigme de l'induction». Les réponses étaient dans les textes; il suffisait de mieux les lire. Ses spectacles multi média, eux, ajoutaient réellement quelque chose à la compréhension de sa pensée.

Des souvenirs, passons maintenant à la biographie proprement dite.

FORMATION

Goodman est né le 7 août 1906 à Sommerville, Massachusetts. Ses parents étaient Elisabeth Woodbury et Henry L. Goodman. De son enfance, nous ne savons rien. Goodman refusa de se livrer à l'exercice autobiographique, auquel les plus grands philosophes contemporains ont consenti, dans des textes ouvrant les volumes que la collection «*The Library of Living Philosophers*» leur consacrait. On a ainsi des autobiographies de Rudolf Carnap, Willard Quine, Peter Strawson, et de bien d'autres. Mais Goodman a dit non.

Et aucun volume de cette prestigieuse collection ne lui est dès lors consacré.

On sait cependant que dans la deuxième moitié des années vingt du siècle dernier, Goodman étudie la philosophie, les mathématiques et ce qu'on appelle dans le monde anglophone « *creative writing* » à l'Université Harvard. Il semble ainsi avoir eu d'abord le projet de devenir romancier. Mais c'est finalement vers la philosophie qu'il se tourne. Il reçoit l'enseignement d'Alfred Whitehead, le co-auteur, avec Bertrand Russell, des *Principia Mathematica*. Après sa carrière de mathématicien, Whitehead développe une métaphysique des processus, qui aboutira à *Process and Reality*. Goodman a également comme professeur Henry Maurice Sheffer (qui a donné son nom au symbole logique « | », dit « barre de Sheffer »). Surtout, il suit l'enseignement de Clarence Irving Lewis, l'un des refondateurs de la logique modale au XXe siècle et l'auteur de *Mind and the World-Order* (1929). Ce livre a joué un rôle considérable dans la formation des métaphysiciens et épistémologues américains. Plus généralement, l'importance philosophique de Lewis lui-même ne devrait pas être aussi sous-estimée. Il a développé ce qu'on appelle un « pragmatisme conceptuel », et à travers lui, ce sont aussi les pensées de Charles Sanders Peirce et de William James que Goodman a connues. L'influence de Lewis sur Goodman fut décisive ; les thèses de *Manières de faire des mondes* peuvent être comprises comme une radicalisation de celles de son professeur.

Dans l'introduction de *La Structure de l'apparence*, Goodman dit « qu'un jour viendra peut-être où la discussion philosophique se fera par la recherche plus que par la controverse et où les philosophes, comme les savants, seront connus par le champ de leurs études et non par les positions qu'ils prennent » (SA, p. 18). Cette conception ne le conduisait certes pas à multiplier dans ses livres les références historiques. Elles sont rares en effet. On trouve cependant chez Goodman des renvois aux Présocratiques, à Platon, Descartes, Berkeley, Locke ou Kant. Une formation philosophique à l'Université Harvard, dans ces années-là, suppose la lecture des grands auteurs. C.I. Lewis exigeait ainsi une lecture approfondie de Kant. L'influence de Bertrand Russell, particulièrement de *Notre connaissance du monde extérieur*, sur Goodman est également forte. Goodman est marqué par cette philosophie qui refuse l'idéalisme et fait de la logique, dans toute sa technicité, l'instrument privilégié de la recherche philosophique. À la même époque, son appétence artistique conduit aussi Goodman à fréquenter les séminaires de Paul Joseph Sachs, Directeur associé du Fogg Art Museum, également un collectionneur et « connaisseur », comme le sera Goodman; c'est ainsi qu'il reçoit un enseignement d'histoire de l'art, et qu'il s'initie à la perception raffinée des œuvres et à leur appréciation.

Goodman n'entame pas une carrière académique dès sa sortie de Harvard. De 1928 à 1941, il est directeur de la Walker-Goodman Art Gallery at Copley Square, Boston. C'est là qu'il rencontrera son épouse, Katharine (« Kay ») Sturgis, une artiste qui exposa dans sa galerie et dont toute sa vie il assura la promotion. Goodman a fait de la philosophie en vue de comprendre autre chose que de la philosophie, particulièrement pour comprendre les œuvres d'art en tant que symboles. En retour, la philosophie a toujours été pour lui un détour *indispensable* à leur meilleure compréhension. Cette symbiose de la logique et de l'esthétique, du concept et de l'émotion, est une marque du projet philosophique de Goodman, mais aussi de l'homme lui-même. Grand collectionneur, Goodman a vécu avec sur ses murs couverts de tableaux et de dessins flamands et italiens du XVIIᵉ siècle, des œuvres de Picasso, entouré de sculptures asiatiques, pré-colombiennes, et d'œuvres des Indiens d'Amérique.

L'*AUFBAU*

Goodman met douze ans à rédiger sa thèse de doctorat, *A Study of Qualities*, soutenue en 1941. Plusieurs raisons sont invoquées pour expliquer cette lenteur. Qu'il ait dû travailler pour financer ses études, n'ayant pas reçu de bourse – parce qu'il était d'origine juive, suggèrent certains. Toutefois, ce travail qui faisait quotidiennement vivre Goodman au contact des œuvres d'art, outre qu'il semble avoir été lucratif, plus peut-être qu'un emploi universitaire de débutant, n'avait rien pour déplaire à Goodman. Surtout, sa thèse est l'une des meilleures jamais soutenues à l'Université Harvard; cette réussite et le perfectionnisme de son auteur expliqueraient aussi le temps consacré à l'écrire.

Pendant qu'il travaille sur cette thèse, Goodman découvre la philosophie d'Europe centrale, et tout particulièrement *La Construction logique du monde* de Rudolf Carnap; tout comme Willard Van Orman Quine, qui devient son condisciple à l'Université Harvard au début des années 1930. Cette philosophie d'Europe centrale revendique aussi bien l'héritage de l'empirisme humien que de la philosophie attentive aux mathématiques et à la logique de Bernard Bolzano; elle est le pilier sur le continent d'une philosophie analytique naissante dont l'autre pilier se trouve à Cambridge, au Royaume Uni, avec George E. Moore et Bertrand Russell; elle cultive le rejet de l'idéalisme allemand (Fichte, Schelling, Hegel), et de ce qui est présenté comme la mauvaise poésie philosophique de Heidegger. Les figures marquantes en sont

Moritz Schlick, Rudolf Carnap, mais aussi Herbert Feigl (qui rejoindra Harvard dans les années 1930) ou Otto Neurath. Une atmosphère de suspicion à l'égard de toute philosophie grandiose et des grands systèmes métaphysiques imprègne les années de formation de Goodman. La philosophie est technique, porte sur des questions précises ; elle n'a rien de littéraire ni d'historique ; elle n'est pas une interprétation générale de toutes choses.

Quine fait en 1932 un long voyage européen (Quine, 1985). Il se rend d'abord à Vienne, où il rencontre les membres du « Cercle » ; puis à Prague, où il rencontre Carnap ; enfin à Varsovie, où il fait la connaissance des philosophes de l'École de Lvov-Varsovie, comme Jan Lukasiewicz, Tadeusz Kotarbinski et Alfred Tarski. De retour aux USA, Quine fait la promotion de cette philosophie « scientifique », dans laquelle la logique joue un rôle constitutif. Goodman suivra son séminaire informel sur *La Syntaxe logique du langage* dans la deuxième partie des années 1930. Dans ces années-là, Goodman boit donc aux deux sources de la philosophie analytique, la source anglaise, russellienne surtout, et la source autrichienne et polonaise. Si l'on ajoute le courant pragmatiste américain, connu de Goodman par l'intermédiaire de C.I. Lewis, et milieu qui lui est naturel, l'horizon philosophique de la maturation intellectuelle de Goodman se dessine.

Au cours des années de labeur sur sa thèse, Goodman travaille pour un temps avec un jeune philosophe et logicien, Henry S. Leonard. Avec lui, il publiera en 1940 dans le *Journal of Symbolic Logic* un article intitulé « The Calculus of Individuals and Its Uses ». Il s'agissait d'un système méréologique complet (c'est-à-dire d'une logique des touts et des parties), qui sera aussi au centre de sa thèse de doctorat.

Goodman et Leonard donnent ainsi une version d'un système de calcul logique que le logicien polonais Lesniewski avait déjà développé quelques années auparavant – mais les deux américains n'auraient rien su du polonais – et dont on trouve des anticipations chez Leibniz et Bolzano. Cet article n'est toutefois pas le premier texte publié par Goodman. En 1931, il avait fait paraître anonymement dans le *Boston Post* un casse-tête logique intitulé « The Truth-tellers and the Liars », avec sa solution dans une livraison postérieure. Ce bref texte comporte déjà tout le *witz* goodmanien !

Il est aussi important de désigner ce que Goodman rejette explicitement : le type de pensée qu'il attribue, à tort ou à raison, à Bergson. Ce philosophe français fit un voyage très remarqué à New York en 1913, provoquant même le premier embouteillage sur Broadway, dit-on. Plus grand titre de gloire tout de même, rappelons aussi qu'il obtient le Prix Nobel de littérature en 1928. Bergson était donc célèbre aux Etats-Unis quand Goodman, fit ses études. Mais pour lui, Bergson représente une forme d'irrationalisme qu'il refuse vigoureusement, et appelle le « mysticisme ». C'est tout particulièrement l'idée d'une réalité absolue, saisie de façon strictement intuitive, qui désole Goodman. Contre Bergson, il insiste aussi sur la valeur des méthodes formelles et semi-formelles en philosophie. Pour Goodman, le concept ne trahit pas la réalité ; car cela n'a aucun sens de parler de réalité, en tant que telle, au-delà du concept et du langage.

Goodman est également hostile à ce qu'il identifie – là encore à tort ou à raison – à la seconde philosophie de Wittgenstein, celle des *Recherches philosophiques*. D'abord, il ne semble pas que le style philosophique de Wittgenstein l'ait enchanté (voir ATA 138-139). Surtout, la philosophie est pour Goodman une entreprise systématique et constructive.

Elle ne consiste nullement à nous guérir de maladies philosophiques, contractées en nous écartant de l'expérience et du langage ordinaires, par un abus de théorie. Ce qui conduit aussi Goodman à récuser le « sens commun » comme source et comme critère de la valeur de nos élaborations philosophiques. La philosophie oxonienne des années 1950, avec Gilbert Ryle et J.L. Austin, est mal orientée pour Goodman. Le tournant linguistique pris par la philosophie analytique dans les années 1930 a pour lui une finalité systématique et non déconstructive. Il se tiendra à ce jugement.

De 1942 à 1945, Goodman fait son service militaire ; il s'occupe particulièrement de recherches en psychologie (sous forme de tests) pour l'armée américaine. Il devient ensuite assistant au Tufts College, pour l'enseignement de la philosophie, puis professeur associé (maître de conférence) et *full professor* en 1951 à l'Université de Pennsylvanie. Il sera professeur à l'Université Brandeis de 1964 à 1967, avant de rejoindre son *alma mater*, l'Université Harvard, et d'y achever sa carrière en 1977, tout en continuant par la suite à être très actif, et cela jusqu'à la fin de sa vie.

PROJET ZÉRO

Après le voyage du Spoutnik dans l'espace, en 1957, et pour concurrencer les efforts de l'Union soviétique dans le domaine des sciences et des techniques, le gouvernement des Etats-Unis décide d'accroître substantiellement les budgets consacrés à l'éducation scientifique, mathématique et technique, à tous les niveaux d'enseignement. Les arts et les humanités furent alors délaissés. Au milieu des années 1960, cette asymétrie inquiéta des organismes fédéraux, mais aussi des fondations privées ; c'est ainsi que le Projet Zéro fut financé, dans le cadre de la Harvard Graduate School of

Education. Le « Project Zero » est en fait un centre d'études destiné à l'éducation artistique et, en particulier, à la formation de commissaires d'expositions, de directeurs des musées, d'organisateurs de spectacles – ceux qui assurent ce que Goodman appelle « l'activation de l'art » (AA). Les œuvres d'art ont pour lui besoin d'être mises en œuvre, et même en fonctionnement. Une partie de la philosophie de Goodman élabore les fondements théoriques de cette activation des œuvres d'art. Dans le cadre du « Projet Zéro », Goodman est conduit à collaborer avec des psychologues, des historiens de l'art, des directeurs et administrateurs de musée, etc. Mais pourquoi « Zero »? C'est que, selon Goodman, rien n'avait jamais été fait en ce sens, et que tout était à faire. Il a aussi été impliqué dans la création à Harvard d'un Centre de la Danse, et il a eu des responsabilités dans plusieurs programmes destinées à l'éducation artistique.

Dans son propre travail artistique – les trois spectacles multimédia *Hockey Seen, Rabbit, Run* (à partir du roman de John Updike), *Variations : An Illustrated Lecture Concert* (un travail sur les Variations de Picasso sur *Les Ménines* de Velasquez) – il a collaboré avec des artistes de renom : les compositeurs John Adams, Joel Kabakov et David Alpher, la chorégraphe Martha Gray, la plasticienne Katherine Sturgis. Ses spectacles, s'ils n'ont peut-être pas reçu l'accueil que Goodman espérait, n'en ont pas moins été présentés en plusieurs occasions.

Goodman a exercé les fonctions et reçu les honneurs dévolus à l'une des figures principales de la philosophie américaine du XXᵉ siècle aussi bien dans l'*American Philosophical Association*, que l'*Association for Symbolic Logic et l'American Society for Aesthetics*; il a reçu de nombreuses distinctions, dont le *Guggenheim Award*, récompensant son implication dans la promotion des arts. Il a donné entre autres les *Whitehead Lectures* (1962) à l'Université Harvard, les *John Locke Lectures* (1962) à l'Université d'Oxford, les *Kant Lectures* (1976) à l'Université Stanford, etc. Il était docteur *honoris causa* de plusieurs universités de par le monde – dont l'Université de Nancy. Ces œuvres ont été traduites dans de nombreuses langues.

DES ANIMAUX ET DES HOMMES

De l'avis unanime de ceux qui l'ont côtoyé à divers titres, Goodman n'était pas quelqu'un de commode. Dans ses rapports avec les autres philosophes, avec ses étudiants, même ceux qui s'intéressaient le plus à son travail, il avait, disons, le même type d'exigence intellectuelle qu'il s'appliquait – c'est à noter – à lui-même. Pour donner une idée de ses manières, dans sa conférence de 1992 au Centre Pompidou, il fait allusion à la notion d'« aura », dont on fait parfois grand cas à partir d'un texte de Walter Benjamin. Sans citer le philosophe allemand, Goodman insiste sur le caractère irrémédiablement confus de cette notion et finit sa remarque à un public français, médusé il faut bien le dire, en disant ironiquement que, sur ce sujet, « dans l'immédiat, [son] dernier mot sera donc "aura-voir" » (AA 156). Cette forme d'humour ou plutôt de causticité a pu en froisser certains. Goodman n'aimait pas les idées inconsistantes ou plus suggestives que rigoureuses, et quand il croyait en repérer une, il n'hésitait pas à le dire.

Un autre aspect de la personnalité de Goodman complète cette dernière remarque sur son manque de patience face à l'incompétence et à l'absence de rigueur intellectuelle chez les humains. On raconte à cet égard une anecdote significative. La nécessité de protéger des oisillons dans leur nid, aiguisant l'appétit de certains chats, semble avoir été l'une des seules choses qui ait pu un jour le détourner de son travail. Goodman était membre de la *World Society for the Protection of Animals* et d'autres organisations dédiées à la cause animale. Il a aussi généreusement contribué à des projets de secours aux animaux dans les zones de guerre (pendant la guerre du Golfe et en Bosnie, particulièrement) et de désastres naturels (lors d'éruptions volcaniques à Montserrat et de feux gigantesques à Bornéo). Les oiseaux et les autres animaux trouvaient donc plus aisément grâce à ses yeux que les bipèdes sans plume à ongles plats. Ainsi, il répondait aux questions sur son œuvre en répétant mot à mot le contenu de ses écrits, sans trop s'inquiéter des difficultés de compréhension de son inter-locuteur. Et cela aussi bien avec ceux qui pourtant épousaient ses idées. En témoigne par exemple sa réponse à des critiques qu'Israel Scheffler, pourtant intellectuellement proche de lui, a pu emettre sur son « irréalisme » (voir le texte de Scheffler et les réponses de Goodman dans McCormick, 1996). Ceux qui le connaissaient vraiment très bien afffirment cependant que cette rudesse n'était qu'une façade.

Quelques jours à peine avant sa mort, le 25 novembre 1998, à l'âge de 92 ans, à Needham, Massachussets, Goodman comptait encore se rendre à un colloque pour faire une communication, et inlassablement défendre son rationalisme radical.

LA PENSÉE DE GOODMAN

UNE ŒUVRE À DOUBLE ENTRÉE

Il y a des œuvres austères qu'on se contente par facilité de résumer en quelques slogans, inlassablement répétés bien qu'ils n'apprennent rien d'essentiel sur leur identité réelle. Il en est d'autres qui incluent une si grande diversité de textes qu'il est malaisé d'appréhender leur contexture véritable ou de localiser un centre de gravité. L'œuvre de Goodman doit à coup sûr quelque chose à chacune de ces deux variétés, car elle ne se livre pas facilement et elle résiste à toute tentative de simplification. En même temps elle les renvoie dos à dos, étant autant ennemie du mystère que du morcellement. Elle se présente comme à la fois stricte et ouverte, soucieuse de rigueur technique tout en ne reculant devant aucune audace dans ses aperçus; en cela, elle fait irrésistiblement penser à celle de Leibniz, quoique dans un tout autre style. Assez peu volumineuse, elle tient en sept livres principaux dont six sont issus de conférences ou réunions d'articles parus indépendamment. Aucun objet unique ou récurrent n'y occupe une position exclusive. Elle ne vise pas davantage une unité doctrinale, que ce soit au bénéfice d'un sens premier ou d'une synthèse ultime. Elle ne cesse au contraire de multiplier les variations, les déplacements, voire les réorientations, ce qui ne l'empêche pourtant pas d'être profondément structurée par un engagement méthodologique inflexible. La seule identité incontestable de son œuvre réside dans un combat épistémologique incessant en faveur d'une idée de la philosophie, qui peut passer pour assez modeste ou exagérément ambitieuse, et dont l'obstination à la défendre a pu passer quelquefois pour un symptôme de don-quichottisme (MM 147-148).

Lorsqu'on l'aborde à partir d'un arrière-plan continental, ce qui frappe d'emblée est le caractère abrupt des commencements. Un philosophe français ou allemand entreprendrait de dresser d'abord l'état historique de la question, il en appellerait aux autorités jugées les plus compétentes ou prestigieuses, il viendrait se loger dans une généalogie rassurante. Rien de tel chez Goodman qui prend comme point de départ un objet local qui pose un problème intéressant et déterminé (nouveau ou familier) ou une thèse à discuter, non pas en fonction d'un intérêt *sui generis* mais du type de questionnement philosophique qui en découle. Dans ce contexte, les documents hérités du passé ne peuvent se prévaloir d'aucun privilège intrinsèque ni ne sont d'ailleurs à invalider par principe ; rarement cités, ils sont des points de repère, parfois des réservoirs d'arguments appréciables mais jamais des sources qui demandent à être élucidées pour elles-mêmes. Comme la majorité des philosophes analytiques, ce que rejette Goodman n'est pas tant l'utilisation des auteurs classiques (qu'il a lus) qu'une perspective de simple commentaire sur eux et une vision herméneutique de la philosophie. L'optique est de les lire en résonance avec les débats d'aujourd'hui, ou au moins dans un décalage productif. C'est pourquoi, dans le cas de la philosophie de l'art, la relation qu'il entretient avec la tradition esthétique peut aller jusqu'à l'aversion déclarée (MOM 198). Et dans la confrontation qu'il mène pas à

pas avec le texte de Carnap (SA chap. v), il ne s'agit jamais
de faire émerger une lecture, *a fortiori* originale, mais de
confronter diverses stratégies d'analyse et les raisons d'en
préférer certaines.

Il convient donc de redoubler de prudence contre les
rapprochements hâtifs qu'on est parfois tenté de faire à
l'occasion d'un aspect particulier. Parce que Goodman défend
l'idée qu'il n'y a pas de faits, seulement des interprétations et
qu'on a toujours la liberté de réviser toute construction qu'on a
proposée, il ne semble pas impossible de l'inscrire dans une
improbable filiation post-nietzschéenne. En réalité, ce serait
admettre qu'il n'y a qu'une manière de penser les « faits » et
faire fi des principes qui mettent une théorie constructionnelle
en contraste avec le perspectivisme de Nietzsche. Il est arrivé
à Putnam (dans *Renewing Philosophy*, Harvard University
Press, 1992, chap. 6) de suggérer quelques raccourcis encore
plus audacieux : s'il n'y a pas de monde donné et que l'homme
fait littéralement le monde en inventant des découpages et en
forgeant des versions, qu'est-ce qui le sépare en dernier ressort
de l'idéalisme extrême de Fichte ? Et si l'on n'a en mémoire
que les traits relativistes, son irréalisme ne rejoint-il pas la
pensée dissolvante de Derrida ? Il est clair que ces rapprochements n'auraient de sens qu'à l'intérieur d'une histoire parta-
gée, dans un horizon commun de présupposés que le sens de sa
méthodologie est au contraire d'invalider. Loin de signaler
une convergence, ces points de rencontre inopinés constituent
plutôt des foyers d'illusion et de perplexité contre lesquels
même le dernier Goodman n'a pas négligé de mettre en garde
(McCormick, 1996, 204).

Dans la préface de MOM, lorsqu'il s'efforce de préciser ce
qui caractérise sa position philosophique de base et la
démarque d'autres, il ne trouve pas de meilleure manière de le

dire que d'insister sur l'écart avec des dénominations toutes
faites. « J'espère que [ce livre] pourra aider à dissocier mes
vues d'autres qu'on prend à tort pour elles. Je suis un relati-
viste qui maintient néanmoins qu'il existe une distinction
entre des théories, des interprétations et des œuvres d'art qui
sont justes et fausses ; je ne crois ni qu'une œuvre littéraire est
déterminée par l'intention de l'auteur ni que toutes les
interprétations sont également justes ; je suis un nominaliste
qui permet que n'importe quoi soit pris comme individu, et un
cognitiviste avec des penchants plutôt behavioristes qui
reconnaît les fonctions cognitives de l'émotion. Je suis anti-
réaliste et anti idéaliste – en conséquence un irréaliste. Je
m'oppose à la fois au scientisme et à l'humanisme qui mettent
les sciences et les arts en opposition réciproque. Et je suis un
théoricien soucieux du fait que la pratique informe et soit
informée par la théorie. » On pourrait conclure de façon
superficielle à un goût du paradoxe et à une volonté délibérée
de brouillage. Goodman se contente en réalité de prendre acte
de l'inadéquation des catégories traditionnelles, d'appel-
lations le plus souvent inutilisables parce que devenues purement conventionnelles et dont le sens ne fournit plus en
conséquence aucun repère fiable.

Encore faut-il remarquer que cette situation d'extériorité
vis-à-vis de tout système philosophique constitué n'est pas
une indifférence mais un effort de désengagement. Certes il
arrive, surtout dans les textes tardifs, que soit mis en avant le
caractère inextricablement embrouillé du résultat. Dans une
de ses dernières interventions publiques, son discours de
réception de docteur *honoris causa* de l'Université de Nancy,
il déclare que dans son œuvre « il y a plusieurs philosophies,
mais pas pour autant un ordre bien net de différentes philosophies complètes : on y trouve une foule d'idées, de conjec-

tures au sujet de domaines variés, et celles-ci sont bien près de former un fouillis » (*Philosophia Scientiæ*, 1997, 16) qu'il est presque impossible de démêler. Cette déclaration est-elle à prendre au pied de la lettre, est-elle une coquetterie d'auteur ou le pressentiment plus profond d'un ordre qui se dérobe ? Elle ne doit pas annuler en tout cas la conscience d'évolutions irréversibles, quand il déclare que *Manières de faire des mondes* « appartient à ce courant majeur de la philosophie moderne qui commence lorsque Kant échange la structure du monde pour la structure de l'esprit, qui continue quand C. I. Lewis échange la structure de l'esprit pour la structure des concepts, et qui se poursuit maintenant avec l'échange de la structure des concepts pour la structure des différents systèmes de symboles dans les sciences, en philosophie, dans les arts, la perception et le langage quotidien » (12-13). Et quoi qu'on pense de ce trop rapide survol, il est évident que la pluralité sur laquelle il débouche n'a plus grand chose à voir avec la menace de confusion qui guettait précédemment.

Il reste toutefois difficile de caractériser l'œuvre de Goodman sans buter sur des images en concurrence et dont on ne peut écarter aucune d'entre elles. Si l'on privilégie le point de vue global, on ne peut que mettre l'accent sur l'attachement obstiné à des idéaux logiques, voire l'affirmation monotone de principes, le problème est que la méthode ne suffit pas à dessiner un profil univoque. Tout se passe au contraire comme si elle nous laissait en face de quelque chose d'insaisissable, où la provocation va bien plus loin qu'une pure jonglerie verbale : « never mind mind, essence is not essential, matter doesn't matter » [« on n'a pas idée des idées, l'essence n'est pas essentielle, et l'important n'est pas ce qui importe » (MM 138), mais le français échoue à rendre les jeux de mots sur trois concepts clés de la philosophie que sont l'esprit, l'essence et la matière]. Calembour et rigidité iraient-ils si facilement de pair, dans une variante inattendue d'ironie socratique? Si l'on se replie au contraire sur les analyses locales, ce qui émerge est l'attention portée à chaque objet examiné, la précision des méthodes et le sens des comparaisons, et le risque que présente la stratégie du coup par coup est de donner le sentiment qu'on est face à une œuvre puzzle où chaque fragment trouve sa place par différence avec celle des autres mais en les rejoignant finalement. De manière un brin ironique, on peut penser que Goodman aurait pu souscrire pour son compte à cette remarque que David Lewis a faite à propos de lui-même : « J'aurais aimé être un philosophe minutieux, non systématique, qui aurait offert des propositions indépendantes les unes des autres sur un très grand nombre de sujets. Cela ne devait pas se produire. J'ai souvent succombé à la tentation de présupposer la totalité de mes vues sur un sujet, alors que j'écrivais sur un autre » (*Philosophical Papers*, Oxford University Press, 1983, IX).

Ce qui pose *in fine* la question d'une évolution interne de sa pensée. On ne rencontre nulle part de reniement – les rééditions en témoignent – mais des pans entiers passent au second plan alors que des aspects qui tenaient peu de place deviennent plus importants. À coup sûr, on assiste à un glissement de la théorie de la connaissance vers l'esthétique ou plutôt vers « l'efficace cognitive de la symbolisation en général » (LA 301). Plutôt qu'un changement de domaine, ce qui se passe est l'effet d'un tournant qui intervient au milieu des années 60 et qui a pour conséquence une reconfiguration profonde de tout le champ de recherche. Mais à l'intérieur de ce nouvel espace, il renouvelle des thèmes épistémologiques récurrents. Ce qui l'emporte en définitive, c'est une créativité conceptuelle qui force l'admiration, et contrairement à ce qu'on serait en droit d'attendre et qui se rencontre le plus souvent chez les philosophes, c'est lorsqu'il est au plus près de l'analyse conceptuelle que Goodman se montre le plus inventif et le plus artiste. Goodman ne fut jamais en tout cas un esthéticien analytique sur le modèle de Frank Sibley ou de Noël Carroll, il n'est pas non plus comme Arthur Danto à la recherche d'une théorie de l'art aussi générale que possible (1981), c'est un philosophe analytique qui a choisi d'ancrer ultimement sa philosophie de la cognition dans l'horizon de l'art. Une partie des jugements à l'emporte-pièces sur son œuvre découle de cette situation atypique. N'y trouver pourtant qu'une « présentation authentiquement intéressante de vues inhabituelles » (Ziff, dans sa recension de LA dans la *Philosophical Review*, 1971, 515) est à coup sûr faire preuve d'un excès de myopie. À l'inverse, choisir de surplomber de trop loin l'œuvre, au risque de perdre de vue la référence à des questions qui peuvent paraître minuscules, c'est s'engager dans un jeu de miroirs décevant. La vérité de Goodman passe par l'épreuve des mises en correspondance et des rectifications, à travers des tensions et des traductions, ce qui suppose de dissocier des formes en apparence semblables et de rapprocher des situations dont les manifestations phénoménales ne se ressemblent guère, mais cela ne l'assimile en rien à une errance. Plutôt qu'un philosophe en quête de réponses, *a fortiori* définitives, il est un chercheur qui pratique « une expérimentation philosophique » (selon la formule de Jules Vuillemin dans *La logique et le monde sensible*, p. 305) lucide dans son projet, ouverte et confiante dans ses méthodes.

Ce deuxième chapitre n'a pas pour objet le contenu spécifique des livres qui est examiné dans le chapitre suivant et dont certains aspects importants ne sont pas abordés (entre autres, ce qui est relatif à l'induction, aux techniques logiques, à la simplicité). Il privilégie les orientations générales qui structurent la pensée de Goodman et la mettent en contraste avec celle d'auteurs qui ont croisé ses préoccupations. Il explicite d'abord les trois piliers fondamentaux que sont le nominalisme, le phénoménalisme et le pluralisme avant de mettre l'accent sur le tournant symbolique et esthétique qui domine et structure la seconde partie de l'œuvre.

ÉLOGE DE LA RESTRICTION

Le fil conducteur de la pensée de Goodman est son obsession de la transparence du discours. Sa conviction philosophique profonde ne porte pas sur l'intelligibilité du monde mais sur l'élaboration d'un langage univoque capable de le décrire de façon cohérente (PP 24) et sans tomber dans le travers de confondre les traits du discours avec ce qui constitue le sujet du discours. C'est pourquoi les techniques issues de la logique jouent un rôle fondamental, en raison de la priorité qu'elles accordent à la syntaxe, même lorsque le système est interprété. La logique ne fait pas l'objet d'une fascination formaliste, elle offre les outils d'une ascèse méthodologique qui équivaut presque à une prise de position éthique. Il faut donc prendre au pied de la lettre la remarque que « si la vie ne vaut pas d'être vécue sans ses plaisirs, la philosophie n'existe sûrement pas sans ses contraintes » (FFP 31). Celles-ci ne doivent rien à un masochisme intellectuel, elles servent à rendre effectif le parti pris déflationniste qui entend non seulement se défaire de toutes les entités superflues (rasoir d'Ockham) mais supprimer autant que possible à la racine les raisons d'ambiguïté et d'incertitude propres à les perpétuer.

Extensionnalisme

À son niveau logique le plus général, défendre une approche extensionnaliste signifie ne faire intervenir que la référence des termes et expressions, à l'exclusion de leur sens (dans la terminologie frégéenne). Autrement dit, la seule réalité pertinente dans l'évaluation d'un énoncé est la relation entre les signes et ce qui leur correspond, laquelle détermine sa valeur de vérité, alors qu'une logique dite intensionnelle ne fait pas abstraction des contextes (modaux, mentaux, temporels, etc.) qui ne garantissent pas la substituabilité *salva veritate* (loi de Leibniz). De ce point de vue, Goodman s'inscrit dans la grande lignée menant de Russell à Quine qui privilégie une tâche d'analyse du langage (structure logique sous-jacente, quantification, formalisme adéquat, etc.) mais il en fait aussi un usage original qui n'hésite pas à se démarquer des conceptions usuelles. Alors qu'on s'en tient d'ordinaire à l'identité extensionnelle entre les termes, les expressions ou les énoncés pris deux à deux, il propose deux formes de révision d'orientation opposée. Pour ce qui est de la théorie des systèmes, il plaide pour un affaiblissement de ce critère au profit d'une correspondance d'ensemble ou isomorphique qui préserve une valeur de vérité globale (holisme) mais non pas celle de tout énoncé pris isolément, ce qui lui enlèverait toute flexibilité (SA chap. 1 ; PP 18-19). Un système utilisable n'est d'ailleurs engagé à préserver que la valeur de vérité des phrases qui importent et non pas celle de la totalité des phrases qu'il contient (SA 38).

Dans le domaine sémantique du langage ordinaire, Goodman considère au contraire que la condition d'identité extensionnelle est trop faible ; elle est une condition nécessaire mais non suffisante puisqu'il existe des expressions coréférentielles non substituables. En témoigne par excellence l'un des premiers articles qu'il a signés, « On Likeness of Meaning » (1949), qui porte sur la notion de synonymie et a fait l'effet d'un coup de tonnerre. En effet, il semble raisonnable de penser que si deux termes ont même extension, ils doivent en conséquence avoir la même signification (tout célibataire est non marié). Or, tous les termes qui ne dénotent rien ont par définition la même extension, à savoir l'ensemble vide. On peut néanmoins difficilement soutenir que leur signification est la même, et qu'ils sont échangeables dans un énoncé qui les contient. Dans « Cicéron est l'auteur des *Tusculanes* », lorsque je remplace le terme sujet par « Marcus Tullius », la vérité de l'énoncé n'en est pas affectée. En revanche, il est impossible de remplacer le mot « centaure » par « licorne » dans « Un centaure a un torse d'homme » sans engendrer un résultat absurde. Un frégéen répondrait évidemment que l'erreur est de ne pas prendre en compte le sens en plus de la référence car nous ne pensons pas le même être quand nous évoquons un centaure et une licorne. On serait donc en droit de conclure qu'il convient d'abandonner le cadre extensionnel qui fait difficulté parce que trop restrictif et d'admettre dans notre ontologie des entités telles que les « significations » ou d'équivalentes, ce qui n'est évidemment pas de nature à séduire Goodman. La piste qu'il propose consiste à attirer l'attention sur la particularité de certaines expressions : des images, des descriptions, des diagrammes, etc. ne sont pas des objets ordinaires car on ne peut pas en détacher le contenu. Ainsi une image de licorne ne peut être confondue avec celle d'un centaure, quand bien même aucun de ces êtres n'existe dans la réalité. Chacun des deux renvoie à une classification différente, et fait intervenir en dernière instance un prototype social. Techniquement cela revient à considérer que tout terme possède en réalité deux extensions distinctes : une extension primaire (qui est l'extension au sens habituel) et une extension secondaire qui est celle du composé dans lequel figure l'expression et qu'on écrira par convention description-X, image-X, etc., pour indiquer que de tels prédicats sont insécables (LA, chap. I, 5 et 6).

Le résultat immédiat de cette analyse est qu'il n'existe pas de mots synonymes (ils devraient posséder les mêmes extensions primaires et secondaires) et que la signification est fonction d'une échelle de ressemblance. Mais son résultat effectif est que l'artifice technique proposé, loin d'être une curiosité *ad hoc*, a un champ d'application quasi illimité puisqu'il peut être mobilisé entre autres dans le cas des fictions, du discours indirect ou même des images mentales (RP, chap. V, 91-93). Ainsi Mme Bovary et Pickwick ont beau n'être que des personnages imaginés et introuvables en dehors des œuvres où ils apparaissent, ce sont des créatures qui ont une personnalité distincte et sur lesquelles nous pouvons tenir un discours tout aussi explicite que sur des êtres historiques et même les utiliser pour en parler. Ceci fournit un début de réponse à l'objection de Davidson que des langages qui comportent une infinité de primitives ne peuvent pas être appris, car il est douteux qu'un tel langage ne soit pas structuré. En réalité on fait usage d'une méthode contrôlable qui peut comporter une liste restreinte de modificateurs qui sont sujets aux mêmes types de contrainte que les termes de base. Si je peux apprendre à utiliser « centaure », il n'est pas plus difficile de le faire pour « centaure-image » – c'est même à travers le second qu'on acquiert le plus souvent le premier, en lisant des fables mythologiques ou en regardant leurs illustrations – à condition du moins de prendre au sérieux la notion de mention-sélective telle qu'elle a été proposée par

Scheffler (1979), comme une capacité de fournir une indication soit latérale soit approximative.

En résumé, la décision de rester dans un cadre extensionnel et de s'efforcer de le rendre pertinent présente deux sortes d'intérêts. D'un côté, une allégeance philosophique au point de vue externaliste selon lequel les idées ne sont pas dans la tête mais sont bien plutôt des constructions issues de notre environnement et envers lesquelles nous ne disposons d'aucun accès privilégié. Celui-ci va de pair avec le rejet des conceptions mentalistes, et *a fortiori* du réalisme modal (sémantique des mondes possibles). De l'autre un penchant prononcé pour ce que Scheffler a baptisé l'inscriptionnalisme et qui demande de traiter un mot ou ses contreparties comme un *token* localisé ayant statut de marque physique. Une bonne partie des considérations sur la notation ou l'exemplification restent étranges si l'on fait abstraction de cet arrière-plan (LA, chap. ii et iv).

Nominalisme

Il existe une multitude de formes de nominalismes qui n'ont guère en commun que « le goût des ontologies désertes » (Jacob, 1980, 119). Celle dont se réclame Goodman n'a pas de lien direct avec son origine médiévale (Ockham), sinon par le fait qu'ils partagent les mêmes ennemis. En revanche, elle trouve son impulsion fondamentale dans la controverse des années 50 sur les mathématiques entre les tenants du platonisme (Church, Carnap) et les partisans d'un réductionnisme logique aussi strict que possible. Quine et Goodman en ont été les principaux porte-paroles, avant que leurs voies ne se mettent à diverger.

Dans l'article « Steps Toward a Constructive Nominalism » (1947), Goodman et Quine affirment d'emblée que « nous ne croyons pas aux entités abstraites » (PP 173), de quelque nature qu'elles soient, classes, relations ou propriétés. Celles-ci sont à proscrire résolument c'est-à-dire qu'on s'interdit de les faire figurer à titre de valeur d'une variable dans un énoncé doté de sens. Ainsi, en dépit de leur parallélisme grammatical, « x est un chien » est recevable puisque les valeurs appropriées de la variable sont des êtres concrets alors que « x est une espèce zoologique » ne le serait que si l'on dispose d'une interprétation qui identifie une espèce avec des objets concrets déterminés, ce qui n'est jamais acquis. Même si « chien » dénote évidemment les chiens, le prédicat « — est un chien » est compris pour sa part comme terme syncatégorématique, il porte une signification dans le discours mais il ne nomme rien. En d'autres termes, « le langage du nominaliste ne contient pas de noms, de variables ou de constantes, pour des entités autres que des individus » (SA 50-51).

Goodman ne donne pas à proprement parler de justification à son « refus d'admettre toute entité autre que des individus » (SA 50), sinon la conviction que la notion de classe (emblématique par son rôle en mathématiques) est incompréhensible (SA 137, PP 156). Elle est un mixte impur d'un et de multiple, comme cela apparaît dans la dualité des définitions traditionnelles d'un ensemble, dites respectivement en extension (on en énumère les membres) et en compréhension (on impose une condition d'appartenance). Une telle réticence à donner des raisons a semblé suspecte et à tout le moins elle donne prise à de multiples interrogations. On a pu se demander par exemple si l'affiliation au nominalisme n'est pas tout simplement motivée par une répugnance à accepter l'idée d'infinité (Hao Wang, 1953, 418 et 420) et si la notion d'individu utilisée n'est pas circulaire puisqu'elle se réduit à s'appliquer aux seules valeurs des variables d'un langage choisi à dessein et limité au type le plus bas dans le système (V. Lowe, 1953, 124-126), confirmant par là que sa signification est logique et non pas ontologique.

On a souvent remarqué que Goodman se garde bien de dire que le monde est composé d'individus qui en seraient les constituants ultimes, en dépit de ce que laisse supposer le titre de l'article de 1956, « Un monde d'individus » mais non pas son contenu. Il affirme seulement que la seule approche philosophiquement correcte ou saine est de ne pas faire intervenir d'autres notions. C'est même en ce point que l'objectif du philosophe ne peut être confondu avec celui des spécialistes de chaque domaine : « Le scientifique peut utiliser des constructions platonistes à base de classes, des nombres complexes, la divination par inspection des entrailles ou tout autre verbiage dont il pense qu'il peut l'aider à obtenir les résultats qu'il veut. Mais ce qu'il produit devient alors un matériau brut pour le philosophe, dont la tâche est de donner sens à tout cela : clarifier, simplifier, expliquer, interpréter en termes compréhensibles » (PP 168). L'appellation la plus appropriée pour désigner l'entreprise de Goodman est donc celle de reconstructionnisme, terme qui indique une double mise à distance, vis-à-vis des données qui sont sélectionnées et des formes extrêmes de constructivisme social qui se sont développées depuis lors.

Deux principes fixent la ligne de conduite et s'équilibrent l'un l'autre :

– ne pas admettre d'entités sans distinction de leur contenu. Il est impossible que deux entités différentes se composent des mêmes éléments, situation qui est trivialement fausse en théorie des ensembles où la classe-unité diffère du singleton. Cette stratégie vise avant tout à bloquer toute prolifération incontrôlable d'entités et elle fournit un critère opératoire lorsqu'il s'agit de comparer structuralement des systèmes qui de l'extérieur seraient formellement homologues. Elle s'inscrit dans la lignée directe de l'atomisme logique, au moins par sa fidélité à un style d'analyse déflationniste.

– laisser la liberté de choisir ce qu'on admet à titre d'individu. De prime abord, il peut sembler surprenant de donner à l'intérieur d'un système aussi fortement restrictionniste la permission d'admettre des notions non triviales voire arbitraires (« Si l'Océan Arctique et un grain de poussière dans le Sahara sont des individus, alors leur somme est un individu » SA 62). Goodman ne recourt pas du tout à un principe de tolérance à la Carnap qui tient tout langage pour équivalent et choisit par convention celui qui se révèle le plus adapté au projet, il impose une règle grammaticale qui stipule qu'on ne peut pas exclure quoi que ce soit qui soit apte à fonctionner comme individu.

Un condensé humoristique et profond de ce qu'on est en droit d'attendre du nominalisme est donné dans la petite histoire suivante (MOM 50) :

> Dans un certain village, l'enseigne de Maria indique : "On lave tous les vêtements" et celle d'Anna à l'encontre : "On lave à l'eau claire". Anna rend toujours une lessive avec de nombreux articles qu'elle n'a pas touchés, car sa source donne de l'eau claire mais n'a pas un débit suffisant. Maria termine toujours beaucoup plus d'une lessive, mais jamais la totalité ; car étant donné que son ruisseau procure en quantité de l'eau plutôt boueuse, il y a toujours trop de travail à faire. Lorsqu'à l'auberge un voyageur s'enquiert d'une laverie, on lui demande s'il est nominaliste ou platoniste.

Il est à coup sûr facile d'objecter que l'histoire est inventée par un nominaliste qui plaide pour sa cause et s'accorde le beau rôle, et que nonobstant ces conditions on aboutit à deux échecs. Ce qui importe surtout à Goodman est qu'ils n'ont pas la même portée. Le platoniste se retrouve dans la position infâmante de l'intempérant du *Gorgias*, condamné à ne pouvoir trouver de repos en raison de l'état défectueux de ses tonneaux, alors que le nominaliste n'a rien à craindre de ce côté-là. En revanche, il doit savoir se contenter de résultats trop partiels bien que théoriquement plus solides, compte tenu aussi du souci de rectification qu'il fait sien. Il est cependant peu probable que la fable puisse convaincre le mathématicien et Goodman reconnaît d'ailleurs qu'il est exclu de se lancer dans « la cause perdue d'avance de nominaliser les mathématiques aussi vite qu'elles se développent » (PP 154).

D'un point de vue technique, le nominalisme de type goodmanien repose tout entier sur l'adoption d'un « calcul des individus » développé avec Leonard au cours des années 30 et dont les origines techniques remontent aux travaux restés assez confidentiels de Lesniewski (entre 1916 et 1931) sous le nom de méréologie [voir chapitre suivant]. Il fournit une alternative opératoire à la théorie des ensembles, qui se fonde sur les relations entre touts et parties. Le propre d'un tel calcul est de se passer de toute notion d'appartenance d'un élément à une classe au profit de celle de chevauchement entre éléments : deux individus sont discrets s'ils n'ont pas de contenu commun et inversement ils sont identiques s'ils chevauchent exactement les mêmes individus (SA 60). Analyser des objets quelconques revient donc à examiner dans quelles sommes méréologiques ils entrent, comment se distribuent leurs constituants. L'adoption de ces techniques apporte un gain local, comme lorsque Goodman est en mesure de proposer une solution à des situations délicates comme celle de la communauté imparfaite ou du compagnonnage rencontrées par

Carnap dans la mise en œuvre du nominalisme de la ressemblance (Rodriguez-Pereira, 2002). On est pourtant en droit de se demander s'ils ne sont pas plutôt déplacés ou reformulés que réellement réglés, et en dernier ressort parce qu'aucune construction du monde n'est en mesure d'épuiser les données de notre perception et qu'il est donc impossible de développer d'un seul mouvement une ontologie qui soit l'auto-explicitation de nos opérations d'accès au monde.

Il ressort de ces remarques qu'en dépit de ses engagements philosophiques inflexibles, Goodman se soucie moins de défendre une doctrine en fonction des thèses qui lui seraient attachées que de tester la fécondité des hypothèses et des constructions qu'elles permettent. Ainsi dans *Structure de l'apparence*, il envisage les avantages respectifs des conceptions particularistes et réalistes, et ce qui découle de leur adoption dans un contexte logique platoniste ou nominaliste. Goodman est persuadé que tout philosophe, « est mu non par des besoins pratiques mais par un désir de comprendre étranger à la pratique » (PP 169). Mais à la différence de la grande majorité des philosophes, il se soucie moins d'affirmer la vérité d'une théorie que d'explorer la gamme des hypothèses et les combinaisons qui en résultent. C'est pourquoi il aime rappeler que si le nominalisme ne nous aide pas à faire de bonnes choses à partir de mauvais matériaux, il est néanmoins en mesure de nous empêcher de faire de mauvaises choses à partir de bons matériaux (165).

LE PARI DU PHÉNOMÉNALISME

De même que la préférence pour le nominalisme n'a pas sa source dans un questionnement ontologique, l'adoption du phénoménalisme n'est pas davantage commandée par des motivations épistémologiques relatives à la perception, comme ce fut le cas chez la plupart des auteurs qui se sont ralliés à une telle approche.

Choisir une base extralogique, c'est fixer les termes primitifs du système, ceux qu'on introduit sans les définir. Cela ne veut pas dire qu'il existe des termes primitifs en un sens absolu et en particulier parce qu'on serait dans l'impossibilité de les définir. «Ce n'est pas parce qu'un terme est indéfinissable qu'il doit être choisi comme primitif; c'est bien plutôt parce qu'un terme a été choisi comme primitif pour un système qu'il est indéfinissable dans ce système» (SA 71), en raison du rôle qu'il joue et non de sa nature. L'objectif est de trouver une base qui soit à la fois adéquate et minimale c'est-à-dire capable de satisfaire une exigence de cohérence et de simplicité (mesurable par le biais d'un calcul spécifique, cf. SA chap. III et PP chap. VII) et qui donne sa préférence à des termes dénués d'ambiguïté (SA 73).

a) On se place d'emblée dans le contexte d'un système des apparences pour lequel la question logiquement première est de savoir ce qu'est «cela qui conserve son identité de chose à travers d'innombrables changements apparents et réels de qualité» (SA 123). À la différence de ce qui se passe dans le discours métaphysique traditionnel, Goodman ne souhaite pas déconnecter la chose d'apparences qui seraient trompeuses mais expliquer la stabilité des choses en termes de phénomènes; par exemple «la couleur constante et unique de l'objet est une fonction des couleurs de ses parties» (126). Les noms de couleur ne renvoient pas d'abord à des propriétés des choses mais à des caractères présentés, autrement dit des *qualia* pour reprendre le terme utilisé par C. I. Lewis. En tant qu'atomes qualitatifs, les *qualia* sont liés par une relation de conjonctivité (*togetherness*), dont le rôle est équivalent à celui de la ressemblance partielle chez Carnap et qui engendre par contiguïté des *concreta*. Dans le système adopté par SA, il existe trois catégories basiques de *qualia* : « dans l'ordre du visuel, par exemple, un concret est un moment-place-couleur, consistant en un temps, une place et une couleur, qui sont conjoints ; et toute entité formée de seulement deux de ces trois *qualia* n'est pas pleinement concrète, puisqu'il lui manque une qualité d'une des catégories pertinente » (186). Il est remarquable que l'espace et le temps soient des *qualia* comparables aux autres mais la construction qui en résulte reste partielle puisqu'elle ne tient pas compte d'autres types de *qualia* (sons ou odeurs par exemple) et qu'elle ne se présente d'ailleurs pas comme l'ébauche d'une réalisation plus complète.

b) Le choix du phénoménisme va aussi de pair avec le rejet du physicalisme. Situation qui peut paraître surprenante aujourd'hui où, comme le remarque Putnam, « le physicalisme et le "réalisme" ont le vent de la mode en poupe ; le phénoménalisme a sombré hors de vue dans un bourbier de déconsidération et de désintérêt philosophiques » (1983, 155). Goodman ne récuse par principe aucun des deux systèmes et il admet même qu'« on ne peut pas tracer d'emblée une distinction précise et générale entre eux » (SA 131), indépendante de tout critère technique. Ce qu'il rejette est la prétention indue de faire de la physique la seule base légitime de compréhension du monde (monisme matérialiste), comme le défend Quine pour qui toute version correcte doit être fonction de ses états microphysiques, tout en étant par ailleurs « prodigue en instruments platoniciens » (MM 136-137). Selon Goodman, « le physicien tient son monde pour réel, il attribue les suppressions, additions, irrégularités et accentuations des autres versions aux imperfections de la perception, aux urgences de la pratique, ou à la licence poétique. Le phénoménaliste tient le monde de la perception pour fondamental, et les suppressions, abstractions, simplifications et distorsions des autres versions résultent d'intérêts scientifiques, pratiques ou artistiques » (40). Certes « le problème de rendre compte du monde physique sur une base phénoménaliste » (SA 331) n'en est pas réglé pour autant; toutefois, au lieu de le tenir par avance pour insoluble, il convient plutôt de reconnaître qu'il reste encore indéterminé et mal formulé. Il ne s'agit pas en tout cas de trancher entre deux solutions universelles mais de tenir compte du bon contexte dans lequel la mettre en œuvre. Ainsi, tout en reconnaissant que le choix est en théorie libre (PP 125), Goodman rappelle qu'« on peut considérer qu'ils répondent simplement à des problèmes différents » (SA 131) ou qu'ils « incarnent des traitements alternatifs d'un même objet, non des points de vue opposés » (138) sur la réalité et qu'il n'est donc pas absurde d'adopter le physicalisme en esthétique après s'être abstenu de le faire en épistémologie.

Qualia et graphes

La définition la plus simple d'un *quale* est qu'il s'agit d'une unité de base n'ayant pas d'autre unité de base comme partie, c'est-à-dire la « partie propre » d'un complexe (SA 207) mais cela n'a de sens que si on sait l'identifier comme entité phénoménale. Comment distinguer un *quale* de couleur d'un autre, dont la nuance serait très voisine? Goodman propose de se servir de la relation d'appariement (*matching*) qui est un prédicat symétrique à 2 places, selon laquelle « deux *qualia* sont identiques si et seulement s'ils s'apparient exactement aux mêmes *qualia* » (SA 243). Ce qui importe à Goodman n'est pas l'identité en tant que telle, ni un processus psychologique, mais une situation d'indiscernabilité de traits qualitatifs qui puisse conférer à chaque *quale* d'une catégorie une position distincte (246).

En dépit de la proximité des analyses de Carnap et Goodman, un *quale* n'est pas un *erleb*, qui n'est qu'une coupe instantanée dans le flux des phénomènes. Un *erleb* est par nature un particulier attaché à un vécu et saisi comme unité indivisible (*La construction logique du monde*, Vrin, 2002, § 68) alors qu'un *quale* est un universel répétable (SA 183), « un caractère qualitatif reconnaissable qu'on peut répéter dans diverses expériences » disait C. I. Lewis et dont le statut est pour ainsi dire neutralisé, comme cela a également été revendiqué dans le cas des *sense-data* (qui ne sont à proprement parler pas plus physiques que mentaux). Ce que soutient Goodman n'est donc pas un phénoménisme dans la tradition de Mach et Schlick et il récuse également le soupçon de solipsisme qui n'aurait de sens que si les unités de base étaient interprétées comme représentant un objet pour un sujet (135). Mais le fait que les *qualia* soient abstraits ne les assimile pas davantage à des essences dans une perspective phénoméno-logique. L'objectif n'est pas de saisir un « phénomène pur », dont l'intuition eidétique fournirait le moyen de révéler l'essence immanente comme une donnée absolue. Le rejet du particularisme de Carnap ne s'accompagne en rien d'un rapprochement avec Husserl.

Il faut donc prendre Goodman au pied de la lettre quand il affirme que « la fonction d'un système constructionnel n'est pas de recréer l'expérience mais plutôt d'en dresser une carte » (PP 15). La notion de carte comporte une double référence à la géographie. En un sens philosophique d'abord puisqu'elle s'inscrit de manière consciente dans la lignée des empiristes anglais du XVIIIe siècle qui prennent le contrepied de l'histoire et des méthodes d'interprétation et veulent être les « géographes de la raison humaine » (Kant, CRP 519). Mais surtout dans un sens plus paradigmatique puisque le propre d'une carte n'est pas d'être une photographie de la réalité mais d'en proposer une représentation conforme. Elle doit être fidèle aux informations tirées du paysage tout en les organisant de manière lisible; ainsi elle ne reproduit pas les nuances de la nature mais fait usage de couleurs conventionnelles, elle introduit des notations (courbes de niveau ou hachures qui indiquent la valeur de la pente) et des symboles arbitraires et univoques. Des cartes routières nous retenons habituellement les aspects métriques (ce qui nous intéresse est par exemple la distance entre deux villes) alors que c'est la dimension topologique qui est la plus fondamentale, surtout quand la mesure des distances et des aires n'est pas constante (sur un planisphère construit avec une projection cylindrique comme celle de Mercator, la variation est d'autant plus prononcée qu'on s'éloigne de l'équateur).

Dans le cas des *qualia*, ce que Goodman vise est une « topologie de la qualité » (SA chap. x). « Pour le dire en gros : le problème central consiste à construire pour chaque catégorie de *qualia*, une carte qui assignera à chaque *quale* dans la catégorie une position unique et représentera la similitude relative des *qualia* par une proximité relative dans la position. Puis, en définissant un ensemble de coordonnées, on peut développer une nomenclature systématique pour les *qualia* de la catégorie et définir des prédicats spécifiques de forme, de grandeur et de mesure » (240), ce qui suppose de résoudre des problèmes de juxtaposition et d'intercalarité. Certaines représentations intuitives sont à rejeter car elles correspondent à des arrangements irréguliers ou fallacieux, comme chaque fois qu'une carte entre en contradiction avec les définitions. Goodman examine la manière de rectifier les cartes linéaires, puis envisage des réseaux bidimensionnels à différents types de cellules et des graphes en trois dimensions qui offrent des schémas ordinaux plus satisfaisants.

Langage et donné

Bien que ni les *qualia* ni les *concreta* ne soient à proprement parler des constituants qu'on puisse saisir directement dans l'expérience, ils appartiennent à ce qui est donné dans l'acte de connaître et témoignent de l'action de la réalité sur notre équipement cognitif. Loin d'être évidente, la notion de donné représente un défi qui interdit d'éluder la question du degré de certitude qui s'y attache et celle de la manière dont le langage l'incorpore.

L'objection initiale dans le cas des *qualia* est qu'il semble douteux qu'on puisse comparer deux présentations différentes non simultanées et en faire l'objet d'un test effectif. En fait, ce qui est testé n'est pas un *quale*, c'est un jugement prédictif à son sujet. Selon Goodman, la question s'éclaire si l'on remarque (SA IV-3) qu'il n'existe que deux raisons pour lesquelles un jugement est indubitable sans être soumis à un test : soit parce qu'il est un non sens, auquel cas toute distinction corrélative au niveau des propriétés s'en trouve invalidée, soit parce que sa vérité est certaine – résultat paradoxal puisqu'il revient à affirmer que nous ne commettons jamais une erreur qui devrait être au contraire très commune. On peut surmonter cette difficulté en considérant qu'*une* des comparaisons est soustraite au test et que l'énoncé fonctionne alors comme un décret. Ceci ne revient pas à dire qu'on pourrait le formuler au hasard mais qu'on peut toujours le retirer lorsqu'un autre décret s'impose. « Un décret peut donc bien en lui-même être incontestable; et n'importe quel décret, aussi peu naturel soit-il, peut être conservé si l'on en abandonne suffisamment d'autres. Mais en pratique, lorsqu'il y a conflit, deux facteurs influent sur nos choix. En premier lieu, nous favorisons les décrets les plus "naturels", ceux qui sont le mieux étayés par un sentiment instinctif d'avoir touché la cible, comme lorsque nous sélectionnons une couleur dont nous nous souvenons. En second lieu, nous favorisons les décrets qui rendent nécessaires le plus petit ajustement possible dans le corps des décrets déjà acceptés. D'ordinaire, nous ne rencontrons pas de conflits entre deux décrets, mais des conflits entre un nouveau décret et tout un arrière-plan de décrets acceptés. Nous pourrions défendre le nouveau venu discordant, mais uniquement au prix exorbitant d'une reconstruction totale de notre tableau du passé. » (SA 130). Dès le niveau des *qualia*, tout se joue selon des principes d'équilibre réfléchi.

C'est pourquoi Goodman soutient à l'encontre de l'empirisme que la certitude empirique est moins importante que la « crédibilité initiale » : quelque chose est donné – sinon il n'y aurait pas d'expérience – mais rien de donné n'est vrai ni certain (PP 61), il ne joue pas le rôle d'un fondement. Seul un énoncé peut être vrai ou certain et tout énoncé est révisable si cette décision contribue à maximiser son accord avec d'autres. Ce qui compte à la source est moins la vérité d'un énoncé que le caractère direct ou irréductible de la relation qui le porte et qui fournit une justification pour le retenir. Et symétriquement, à l'autre bout de la chaine, la vérité s'estompe aussi au profit d'une « acceptabilité ultime » (MM 174) qui est elle-même fonction du degré de crédibilité complète et permanente (158) bien que toujours défaisable du système de correction (RP 174). Tout ceci s'inscrit plus globalement dans la question épistémologique clé de la confirmation inductive (MM chap. VII, 4) qui occupe une place centrale dans *Faits, fictions et prédictions*, et sur laquelle la célèbre énigme des émeraudes vleues a contribué à attirer l'attention.

Encore faut-il expliquer comment un énoncé de base peut être connecté à l'expérience qu'il décrit. Tout simplement en fonctionnant à la manière d'un signal, idée qui remonte à Hobbes (*De la nature humaine*, V, 1) et a été renouvelée par les pragmatistes. La signification équivaut à une forme de signalement, elle renvoie à un usage cohérent de marques ou d'étiquettes. Ceci revient à penser le langage comme un système symbolique secondaire qui tire profit de systèmes pré-linguistiques plus rudimentaires qui sont à base de gestes et d'indications sensorielles (PP 71). Occasion de remarquer d'avance que l'inspiration directrice de la « sémiotique » de Goodman ne consiste pas à projeter le fonctionnement du langage sur d'autres domaines du réel mais à l'inverse à chercher des ébauches de symbolisation dans ce qui le précède.

FAIRE MONDE

Tout ce qui précède ne prépare pas en apparence le lecteur de Goodman à assumer un pluralisme résolu. En abordant *Manières de faire des mondes*, il peut même avoir l'impression de changer de paysage conceptuel. Dans les premiers ouvrages (SA, FFP et les articles contemporains), le style est austère et les contraintes sévèrement soulignées, alors que dans ce livre, une prolifération folle semble menacer le pouvoir des restrictions. Davantage, Goodman n'hésite pas à faire usage d'exemples provocants comme une terre qui danse le rôle de Pétrouchka (MM 156), à citer « le professeur Woody Allen » (138) ou à décrire les mésaventures cocasses de Marie Tricias qui ne comprend pas comment on se sert d'un échantillon (95-96). Il ne renonce pour autant à aucune de ses convictions philosophiques, même quand leur caractérisation tend vers un énoncé oxymorique. Lorsqu'il risque la formule de « relativisme radical sous contraintes de rigueur » (12), il faut tenir ensemble les deux bouts de la chaine, d'une part un rejet délibéré de toute forme d'absolutisme épistémologique, d'autre part un attachement sans faille à la discipline logique et à l'évaluation sourcilleuse des solutions. Jamais il ne plaide pour une licence illimitée (MOM 40) ou une politique de *laissez-faire* (MM 152), un anarchisme épistémologique à la Feyerabend pour qui n'importe quoi peut marcher. Il est frappant à cet égard qu'il ait toujours affirmé que « l'irréalisme et le nominalisme sont indépendants mais entièrement compatibles » (MOM 30) parce qu'ils ne jouent pas sur le même plan et qu'en conséquence ils se renforcent plutôt qu'ils n'entrent en concurrence.

En fait, le pluralisme est présent dès le départ, il est inhérent à la sorte d'expérimentation que pratique Goodman, et tant que l'analyse prend la forme d'un discours de la méthode, l'accent tombe inévitablement sur les limites. Il rappelle que dans SA et MM, l'objectif est le même, entreprendre « l'examen et la comparaison des manières dont nous faisons ce que nous faisons » (MOM 43). La différence réside dans la gamme des systèmes pris en compte : non plus des choix catégoriels comme entre phénoménalisme et physicalisme, particularisme et réalisme, mais la diversité réelle des systèmes effectifs qu'on rencontre dans les sciences, les arts et les pratiques humaines. Goodman change moins de conception que de point de vue. Une manière simple de le dire est qu'il adopte désormais une posture *métaphilosophique* qui surplombe ces systèmes mais cela ne décide pas de leur pertinence, « la largesse d'esprit ne saurait se substituer au dur labeur » (MM 42).

Fabriquer les faits

Quoi de plus raisonnable de prime abord de penser que la connaissance a pour point d'appui obligé un socle de faits inéliminables et qu'expliquer le monde revient à le « décomposer en faits » (Wittgenstein, *Tractatus* 1.2) qui en épuisent les configurations ? Ne va-t-il pas de soi que « les faits sont trouvés et non pas construits, qu'ils constituent l'unique monde réel et seulement lui, et que la connaissance consiste à croire les faits » (MM 131) ? Raisonner ainsi, c'est pour Goodman tomber dans la même sorte d'erreur que celle qu'a dénoncée Quine au sujet de la signification : parce qu'il est possible de traduire une phrase de l'anglais en français alors que tous les mots et souvent la syntaxe changent, il ne s'ensuit pas que ce qui est préservé dans l'opération soit la « signification » ; celle-ci est bien plus un mythe commode qu'une explication sérieuse (Quine, *Le mot et la chose*, Flammarion, 1977, chap. 2). Il n'en va pas différemment avec les faits qui ne sont pas davantage des invariants ou des ingrédients qui servent de points de comparaison. La relativité conceptuelle de la notion de mouvement se généralise en fait à l'ensemble des paramètres qui entrent dans la construction théorique (MM 133-134, RP 102-103), si bien qu'il n'y a plus de sens de parler de différentes versions des mêmes faits ou à postuler que quelque chose est « vrai en vertu des faits » (comme le dit Davidson dans « True to the Facts » publié dans le *Journal of Philosophy* en 1969). Il serait plus juste de dire que « les faits sont de petites théories » (MM 138), ou qu'ils « s'effacent au profit de certaines relations entre versions » (134).

Goodman fait en réalité un pas de plus en soutenant que nous fabriquons les faits, la nature, le monde ! Dire qu'il n'y a pas d'œil innocent est une chose, affirmer que « la nature est un produit de l'art et du discours » (LA 58) en est une autre. Il y a bien sûr une dose de provocation dans ce genre de formules mais il serait encore moins satisfaisant de ne pas les prendre au sérieux, sinon au pied de la lettre. Ce qui importe à Goodman est que nous mettons d'ordinaire une connotation négative quand nous parlons de « fabriquer ». La fabrication est associée de manière indue à fausseté, à fiction (MM 132), voire à manipulation, et même quand elle est prise au sens positif, elle renvoie systématiquement à une acception trop étroite, calquée sur le travail de l'artisan qui moule de la glaise pour faire des briques. « L'activité de fabriquer des mondes qui est principalement en question ici ne se fait pas avec des mains mais avec des esprits, ou plutôt avec des langages ou d'autres systèmes symboliques. Cependant, quand je dis que des mondes sont faits, je dis cela littéralement » (MOM 42). Tout se passe comme si l'invention verbale prenait ici le relais de la force physique (34) et devenait primordiale lorsqu'il s'agit de « faire ce que nous trouvons, que ce soit la Grande Ourse, Sirius, de la nourriture, du combustible ou une chaine stéréo » (36). Inutile d'ajouter que cela va bien au-delà de l'idée d'Austin, l'auteur de *Quand dire, c'est faire*, que parler est une action, puisque Goodman interprète l'élaboration théorique de la réalité comme une forme d'engendrement à part entière.

Pour comprendre cela, il faut conjuguer deux principes. Le premier est qu'il n'existe aucun point de départ qui ne résulte déjà d'une opération théorique antérieure. L'exemple extrême est le petit apologue figurant dans « On Some Worldly Worries » (« Quelques tracas mondains » écrit en réponse à Scheffler et publié dans *Lire Goodman*). Si l'on accepte l'idée que ce n'est pas la nature qui a fait la Grande Ourse mais une version astronomique (la décision de désigner telle constellation sous ce nom), on ne peut pas refuser non plus que c'est une version qui en a fait une constellation (un groupe délimité d'étoiles), et déjà un corps céleste (un agrégat stable de particules) et ainsi de suite. Non seulement il n'existe pas de monde tout fait mais chaque étape de ce raisonnement repose la question des limites de la construction. Ce qui nous empêche d'en prendre conscience est que nous sommes victimes de deux complexes, que « le monde est si merveilleux que je ne pourrais bien faire cela » et que « le monde est si terrible que je ne veux pas être blâmé pour cela » qui ont en commun de reposer sur une notion magique de fabrication.

Le second est qu'il est impossible de « trouver quelque trait du monde que ce soit qui soit indépendant de toutes les versions » (41). N'est-ce pas alors courir le risque que toute conception vaut n'importe quelle autre puisqu'aucune ne peut revendiquer une prise absolue sur le réel ? Goodman répond par la négative parce que « nous devons à l'évidence chercher la vérité non pas dans la relation d'une version à quelque chose d'extérieur à quoi elle réfère mais dans des caractéristiques de la version elle-même et les rapports qu'elle entretient avec d'autres versions » (37). Cela est à comprendre d'un point de vue génétique car on ne fait un monde qu'à partir d'autres mondes (MM 22) qui sont sans cesse réagencés et transformés, et d'un point de vue structural car il n'existe nulle part un unique monde de mondes mais une architecture complexe de systèmes qui se chevauchent et se recoupent ou se repoussent. Le pluralisme cohérent de Goodman admet une grande variété de candidats : « les mondes sont faits en faisant des versions avec des mots, des nombres, des images, des sons, ou tous autres symboles de toutes sortes dans n'importe quel medium ; et l'étude comparative de ces versions et visions autant que de leur construction est ce que j'appelle une critique de la construction du monde » (135), qui sélectionne sévèrement les élus puisque « les multiples mondes que j'autorise correspondent exactement aux mondes réels faits par, et répondant à des versions vraies ou correctes. Les mondes possibles, ou impossibles censés répondre à des versions fausses, n'ont pas de place dans ma philosophie » (136).

Versions et mondes

Dans de nombreux passages, on a l'impression que pour Goodman « parler de mondes et parler de bonnes versions est souvent interchangeable » (MOM 41) et qu'en conséquence « nous ferions mieux de nous concentrer sur les versions que sur les mondes » (MM 138). Ce qui justifie cette stratégie est que la catégorie de monde est un piège conceptuel redoutable, comme Kant l'avait expérimenté dans son examen des antinomies. Parce qu'on y met en jeu l'idée de totalité, raisonner sur le monde nous place sur une pente nihiliste à force de renvoyer dos à dos les deux pôles du monisme et du pluralisme. Le résultat n'intervient cependant pas de façon aléatoire puisque « nous sommes monistes, pluralistes ou nihilistes, non pas exactement en fonction du sens du vent mais comme il convient au contexte » (MOM 33), mais n'est-ce pas une piètre consolation ? Si la cosmologie est impuissante, l'ontologie serait-elle plus indiquée ? Ce qui pourrait inciter à le penser est que les traits responsables de ce qui met en opposition les versions sont aisément imputables à des traits de surface ou des choix de cadres de référence divergents (MM 17). Le monde ne risque certes plus d'être contradictoire mais cela revient aussi à dire que les énoncés qui semblent porter sur le monde ne fournissent qu'une information sur les systèmes de description couramment adoptés. « Quoi qu'on ait à décrire, on est limité par les manières de décrire. À proprement parler,

notre univers consiste en ces manières plutôt qu'en un monde
ou des mondes » (*id.*) puisque je n'ai jamais accès qu'à des
manières de voir ou de décrire (PP I, 2). Dès lors l'ontologie
s'évapore aussi et il semble inévitable de conclure sur un mode
sceptique avec Rorty que « le monde est bel et bien perdu »
(RP 51).

On peut réagir à cette situation par une simple mise à
distance ironique : « quand le verbiage menace de tout dissoudre dans le néant, nous soutenons que toutes les versions vraies
décrivent des mondes. Quand le sentiment du droit à la vie
nous menace d'une surpopulation de mondes, nous appelons
tout cela bavardage » (MM 166) comme si en fin de compte
l'opposition du réalisme et de l'idéalisme se révélait pure
affaire de convention. Ce pragmatisme à l'état sauvage prend
acte de la faillite de la notion de vérité et il entreprend de
repenser la théorie de la connaissance autour des pratiques de
compréhension, c'est-à-dire de ce qui fait l'avantage relatif
d'une hypothèse, d'une description ou d'un paradigme (voir
RP chap. x) et plus largement de l'adéquation verbale en tant
que cas particulier de relation au monde [voir chapitre
suivant].

Reste qu'il est commode de dire « nous faisons des
versions et que les versions vraies font des mondes »
(MOM 34). En pratique, la bonne question à poser est : qu'est-
ce qui nous contraint aussi fortement à passer d'une description correcte à un monde correspondant ? Tout simplement le
fait qu'en accord avec le réalisme interne à la Putnam qui
proscrit « le point de vue de Dieu », nous ne travaillons jamais
que dans une version à la fois qui fonctionne comme version
de référence et qui peut même nous faire oublier que d'autres
sont envisageables ou l'ont été. L'adhésion au pluralisme ne
demande pas de reconnaître « qu'il existe plusieurs mondes

– ou effectivement au moins un » (MM 137), formulation assez énigmatique si l'on tient à renvoyer dos à dos les labyrinthes des mondes possibles et l'acquiescement à un pur idéalisme. Le fil conducteur consiste à prendre conscience que l'argument selon lequel il n'y a qu'un monde est vrai de tout monde (MOM 33). En ce sens, la thèse du solipsisme épistémologique exclut l'idée d'une version englobante, ultime ou synthétique encore plus que celle d'une structure première (PP 3). Mais Goodman ne pourrait que rejeter avec force une interprétation « post-moderne » qui ferait de « vrai-dans-L » un équivalent de « vrai-pour-moi », la relativité conceptuelle ne valide pas une conception indexicale de la connaissance.

En d'autres termes, dans le dilemme de Scheffler, il faut préférer l'interprétation versionnelle à une interprétation objectivale (Pouivet 1997). La première est épistémologiquement inoffensive en ce qu'elle tire simplement les conséquences du pluralisme et ne menace que les prétentions de l'absolutiste. Sa limite pratique est l'existence de versions hétérogènes, voire non commensurables. Comment comparer en effet un tableau à une théorie ou même à un poème, aussi didactique soit-il ? La seconde suppose en revanche qu'on se donne des domaines d'objets et qu'ils entrent dans ce que nous construisons (voir plus haut). Elle représente un défi métaphysique beaucoup plus fort devant lequel Putnam et Scheffler ont tous deux reculé car il ne s'agit pas seulement de « (voltiger) entre des extrêmes aussi joyeusement qu'un physicien entre la théorie des particules et la théorie des champs » (MM 166) mais de prendre parti sur la structure d'un réel inséparable de nos langages et de nos méthodes d'analyse. Quoi qu'on pense de certaines formulations maximales de Goodman, il est en tout cas très symptomatique qu'il ait toujours refusé d'appliquer à l'œuvre littéraire le même genre de conclusion, en niant que l'identité de l'œuvre puisse ne pas être fonction de celle du texte (RP chap. 3). N'est-il pas alors tentant de penser que sa résistance tardive est pour une part une forme d'aveu quant aux motivations de son attitude antérieure ? C'est un fait que le monde n'est pas un texte et que du même coup il n'existe pas de véritable équivalent qui serve de point d'ancrage à la pluralité des perspectives. Mais ce qui apparaît comme rigidité insupportable devant l'œuvre littéraire ne serait-il pas alors à rebours interprétable comme un phénomène d'abréaction par lequel Goodman tente de conjurer le risque de dissolution de son projet unificateur, quitte à engendrer un risque symétrique qui n'est guère plus rassurant ?

LE TOURNANT SYMBOLIQUE

Selon la chronologie de l'œuvre, *Langages de l'art* vient avant *Manières de faire des mondes* et le second en porte sans conteste la marque, en faisant entrer à part entière dans l'entreprise de *worldmaking* des visions et des versions issues des arts. Mais du point de vue de la teneur conceptuelle des analyses, l'action est réciproque car les thèses qui seront désormais défendues jusqu'à la fin sont le produit de la fécondation entre le pluralisme méthodologique de *Manières de faire des mondes* et la valeur inventive reconnue comme emblématique de l'activité artistique. Ce qui se joue dans ce « tournant » n'est cependant pas une théorie de l'art mais il se trouve que l'art stimule mieux que d'autres domaines la volonté d'explorer la commensuration entre versions. Le modèle du langage, naturel ou formalisé, devient inapproprié et trop restrictif pour embrasser tous les niveaux d'approche de la réalité ; et l'on a vu que le détour par les entités métaphysiques n'allait pas sans un agnosticisme inquiet. Le paradigme symbolique vise à offrir une alternative médiane qui ouvre la philosophie du langage à une sémiose généralisée qui reste ancrée dans une épistémologie constructive et faillibiliste. Il tente de remplacer une compétence ontologique introuvable par une compétence symbolique plus facile à circonscrire et il correspond aussi à un déplacement, de l'examen de la structure logique d'un système (SA II, 5; PP I, 3) à celui de l'efficace cognitive et référentielle de systèmes de toutes natures.

L'hétérogénéité fait-elle obstacle? Certaines résistances sont pour une part psychologiques. Construire une théorie physique semble de prime abord être une activité sans rapport actif avec la liberté de créer. À l'inverse, en appeler aux fulgurances du sentiment ou du génie ne peut qu'être hostile à la patience du concept. Chacune de ces deux postures unilatérales est aussi peu crédible que l'autre. En réalité, la distance est moins grande qu'il paraît car, dans chaque cas, on obéit sans même y prendre garde à la contrainte de sélectionner des genres pertinents. Un exemple simple est ce que Goodman appelle «pondération», c'est-à-dire le fait d'accorder à un trait plus ou moins de poids qu'à un autre. On peut ainsi penser que «de nombreuses différences entre les portraits de Daumier, Ingres, Michel-Ange ou Rouault sont en fait des différences concernant les aspects qui y sont accentués» (MM 28). Mais il ne suffit pas d'affirmer qu'«un *Christ* de Piero della Francesca et un *Christ* de Rembrandt appartiennent à des mondes qui sont organisés selon des genres différents» (20), au même sens où «un monde dont les éléments sont des points ne peut être assimilé au monde de Whitehead où les points sont des classes de volumes emboîtés, des paires de droites qui se coupent ou des triplets de plans qui se coupent»

(17). Il faut aussi défendre l'idée que le tableau ou le poème « explique » à sa façon le monde, en recourant à des critères perceptifs et cognitifs de correction apparentés (28), certes relativisés à des individus ou des contextes plus spécifiques au lieu de viser d'emblée la plus grande généralité possible, mais qui pour cette raison renouvellent plus fondamentalement nos approches, y compris dans la manière de concevoir la généralité. Le phénoménalisme empruntait en définitive très peu à l'expérience phénoménale concrète ; l'art apporte un complément appréciable et, de manière délibérée, il le fait au sein d'un cadre inscriptionnaliste et non en adhérant à une esthétique subjectiviste.

L'inscriptionnalisme est un physicalisme esthétique qui s'appuie sur les conditions de fonctionnement des symboles relatifs aux systèmes en usage dans les arts et dans d'autres pratiques. Il se structure en deux niveaux : le niveau sémiotique porte sur la nature et l'organisation des marques concernées, le niveau symbolique sur les opérations référentielles et leur résultat. Une démarche de ce type n'a pas grand chose à voir avec le courant sémiologique qui recherche des correspondances entre signes et des lois de même type que celles du langage dans un autre ordre de réalité (Levi-Strauss, 1958). Goodman délaisse totalement la notion de signe en tant qu'unité primitive au profit de parcours de symbolisation directs ou détournés qui sont les véritables supports de la signification. Son ascendance est post-peircienne et non post-saussurienne, elle passe par la logique non par la linguistique. En revanche, ce qui l'éloigne de Peirce est qu'il n'a jamais pour objectif une déduction générale de toutes les variétés sémiotiques envisageables ou dans la terminologie d'Eco une typologie des modes de production sémiotique. Le contraste est toutefois le plus accentué avec Quine qui reste attaché à des racines (*roots*) de la référence alors que Goodman raisonne en termes de chemins (*routes*) référentiels (MOM 55). Ici encore la géographie prend le relais de la généalogie, au moins en cela que ces notions dessinent un réseau conceptuel dense ou ramifié, tant du point de vue de leur définition que dans leurs modalités d'exercice.

Quels sont les moments les plus significatifs pour l'appréhension de l'œuvre dans cet immense réseau de concepts et de relations ?

Dénotation

Le terme le plus général utilisé par Goodman pour désigner toute relation de symbolisation est celui de référence qui remonte à la *suppositio* médiévale et à l'idée que quelque chose tient lieu d'autre chose ou vaut pour lui (*stands for*) [LA 35, MOM 55 et 80]. La dénotation est la sous-espèce de référence qui s'applique à des termes ou des descriptions définies et qui renvoient à des individus (le Mont Blanc, le vainqueur de Waterloo) ou des événements (le couronnement de Charles Quint, la relève de la garde). À la différence de Frege, il ne considère pas qu'une phrase soit susceptible de dénoter, et encore moins s'il s'agit de sa valeur de vérité. L'argument est que cela oblige à traiter comme coextensifs les expressions « Napoléon bat en retraite » et « le soleil se lève » (quand c'est le cas) alors que « la retraite de Napoléon » et « le lever du soleil » sont des descriptions qui dénotent des événements sans rapport (MOM 56). Goodman ne fait pas non plus de distinction entre un usage attributif et un usage référentiel (au sujet de laquelle il reste utile de lire K. Donnellan, « Reference and Definite Descriptions », *Philosophical Review* 75), à travers la différence entre l'homme qui répond à une condition définissante (être l'auteur du dernier prix Goncourt) et un individu particulier devant moi dont je ne sais pas forcément qu'il est l'écrivain en question. Goodman fait de la dénotation la relation symbolique élémentaire qui a l'avantage d'être basique et de se prêter sans difficultés à un élargissement iconique. Certes le parallélisme est toujours incomplet entre les mots et les images mais tout se passe comme si la similitude fonctionnelle (l'information apportée par un récit et par une photographie) était plus décisive en pratique que la distance sémiotique qui les sépare.

Lorsque Goodman parle de dénotation, il ne présuppose rien quant à la portée de l'opération référentielle : l'extension peut correspondre à un être singulier ou multiple ou bien être vide. Dans le premier cas, une seule chose est désignée (Mallarmé, Rome), dans le second un groupe ou la totalité des membres pris dans le même ensemble (en France, « département » renvoie à chacune des 95 unités territoriales formant l'État, et il prend d'autres sens dans la structure des Universités ou des ministères). Et bien que l'image d'un oiseau figurant à titre d'illustration dans un dictionnaire soit la photographie d'un oiseau particulier, elle désigne de manière distributive tout exemplaire de cette espèce (LA 47-48). Mais le cas le plus intéressant est celui des fictions, symboles d'extension nulle qui abondent dans les arts et jettent un redoutable défi au logicien. Goodman ne souhaite ni renoncer à ses convictions nominalistes (pour suivre Meinong ou Parsons) ni marginaliser la place et le rôle esthétique des fictions. Ce qui nous trompe souvent est qu'on s'exprime à propos des fictions d'une manière qui ne se différencie en rien des propos qu'on tient sur des êtres réels : Vénus a un corps parfait / telle actrice à la mode a un corps parfait, ce qui ne permet aucunement de conclure que l'analyse logique qu'on fait de ces deux propositions doive aboutir au même résultat.

La solution technique suggérée par Goodman est que les syntagmes « image de Marilyn » et « image de Vénus » n'ont en réalité pas la même structure ; leur structure logique profonde diverge de la structure verbale superficielle. Dans le premier cas, on a un prédicat dyadique ou à deux places (ce que montre l'image renvoie à un référent extérieur à l'image qui est donc une image de x), dans le second il est monadique, au sens où le contenu iconique de l'image ne fait qu'un avec sa fonction référentielle (ce que signale une écriture avec des tirets : image-de-x ou même image-x) (LA 48-49). En d'autres termes, si la logique de la première image est de représenter, celle de la seconde revient à opérer une classification : parmi la diversité des peintures, on peut en faire entrer certaines dans la catégorie des « images-de-Vénus », des « images-de-Méphisto », etc., alors que d'autres seront des portraits ordinaires de Marilyn ou de Napoléon. Pour la majorité des images (ou des descriptions) courantes, dimension référentielle et catégorie iconique marchent de pair mais il est important que l'analyse puisse les distinguer. *Portrait de Tzara* de Picabia n'est pas une image-d'homme (on n'y reconnaît pas spontanément le visage de quelqu'un) même si elle est présentée comme portrait de l'écrivain ; à l'opposé la *Vénus* de Cabanel est une image-de-femme tout ce qu'il y a de traditionnel quand bien même la déesse qui est peinte n'existe pas.

Un cas très particulier est celui des termes autoréférentiels, qui sont inclus dans leur propre domaine d'extension. Ainsi « mot » est un mot, comme l'est « arbre » mais ce dernier dénote un être végétal, non l'élément du lexique auquel il appartient. De même « court » s'applique à des objets ou événements de peu d'ampleur spatiale ou temporelle et en particulier à des mots d'une seule syllabe, y compris lorsque leur

sens est incompatible avec la propriété mentionnée puisque
« long » est un mot court et monosyllabe (LA 92-93).

   Tous ces usages du terme de dénotation restent proches de
notre manière habituelle de faire fonctionner la notion, en
contexte verbal ou non verbal. Mais Goodman fait une proposition plus audacieuse lorsqu'il introduit la notion de
concordance (*compliance*) qui conserve l'idée d'un domaine
de référence sans qu'il soit son extension au sens ordinaire. En
ce cas, on pourrait parler de concrétisation sémiotique ou de
réalisation sensible. Soit l'exemple d'une partition destinée à
être jouée par des instrumentistes qui transforment les notes en
sons. Même pour un formaliste convaincu, il serait surprenant
de dire que la partition dénote la séquence sonore résultante
(LA 239). En revanche, il est évident que l'exécution correcte
doit être conforme aux prescriptions de la partition et que le
résultat est dans cette mesure ce qui est dénoté par la partition
(LA 179-180) et contrôlable par son moyen. La musique
n'énonce rien mais tout ce qui met en échec la correspondance
entre l'œuvre notée et ce qu'on entend annule sa réussite
symbolique, si bien que la concordance y joue le rôle d'une
dénotation élargie. C'est aussi le cas du langage verbal
lorsqu'un texte est récité par un acteur et que la qualité de sa
diction importe davantage que le contenu sémantique du
passage. Le langage est donc susceptible de donner lieu à deux
contextes non homogènes où un élément dénotant est mis en
corrélation avec un registre associé; l'un correspond à l'usage
sémantique habituel où le langage-objet vise des entités ou
des événements de la réalité, dans l'autre le langage-son se
projette sur la chaine de ses prononciations (180). Aux yeux de
certains, ce genre de rapprochement tient de la jonglerie mais
ce qui paraît incongru sur une base réaliste l'est beaucoup
moins dans une approche nominaliste où il n'y a pour les

concordants aucune hiérarchie de principe ni de nature privilégiée à respecter.

Exemplification

Alors que la dénotation fait partie de l'outillage logique de base du philosophe, l'exemplification se présente sous un jour moins familier. Certes on recourt en permanence à des exemples, pour illustrer, expliciter et faire comprendre une règle de grammaire ou une loi, et avant de faire exécuter un exercice le maître de gymnastique commence par montrer le genre de gestes qu'il attend, mais il ne va pour autant de soi que ces situations fournissent le point d'appui d'une unique relation de symbolisation. Le défi de Goodman consiste à faire de l'exemplification non seulement un processus symbolique récurrent dont il reconnaît qu'il est souvent peu remarqué et mal compris (MM 55, LA 86) mais une relation qui possède le même degré de généralité que la dénotation.

Dans *Langages de l'art*, Goodman introduit l'analyse de l'exemplification en combinant deux approches : d'une part, il souligne un renversement du sens de fonctionnement de la symbolisation, d'autre part, il attire l'attention sur les dispositifs propres à manifester les propriétés (dont un cas paradigmatique est l'échantillon de tailleur ou de tapissier).

a) Dire qu'une image est grise apporte une information sur elle-même mais non nécessairement sur des propriétés qu'elle attribue au sujet qu'elle représente. Ainsi une photographie en couleurs d'une chose grise peut ne pas se différencier visuellement d'une photographie en noir et blanc d'une chose rouge. Bien que le contenu pictural ne soit pas le même puisque chaque image dénote des objets distincts quant à leur couleur, le prédicat « gris » s'applique adéquatement dans les deux cas. En généralisant, on peut dire qu'elles sont dénotées par la même étiquette ou qu'elles l'exemplifient. L'exemplification se caractérise donc par une « différence de direction » : « la symbolisation … remonte à partir du dénoté plutôt qu'elle ne descend vers lui » (LA 86) à laquelle s'ajoute une « différence de domaine » car si « on peut dénoter n'importe quoi, on ne peut exemplifier que des étiquettes » (90). La réciprocité entre dénotation et exemplification reste néanmoins asymétrique puisque la dénotation comporte une unique relation alors que l'exemplification en suppose deux ; c'est ce que rappelle la formule que l'exemplification est la « sous-relation de la converse de la dénotation » (92), elle présuppose la dénotation sans que cette condition soit suffisante.

b) Un échantillon se présente comme un objet dont les propriétés singulières sont mises au jour, qu'elles soient d'ordre matériel ou non. Par exemple, le rectangle de papier peint du catalogue de tapissier indique la couleur du papier, la présence de rayures ou de motifs ainsi que leur taille et leur densité, etc. Toutefois un fragment quelconque d'un matériau n'en constitue pas automatiquement un échantillon représentatif (MM VII, 6), pas plus que n'importe quel prédicat (« blert » au lieu de « bleu » ou « vert ») n'est projetable dans des jugements sur la couleur des émeraudes. En pratique, le contexte d'utilisation joue un rôle important, quoique souvent implicite (ce qui s'applique pour un objet déjà fabriqué n'a pas toujours de sens quand il s'agit de le faire réaliser à partir d'un choix de paramètres), et dans tous les cas il n'y a pas de limite nette entre ce qui est exemplifié et ce qui est non significatif. C'est pourquoi Goodman fournit une définition qui combine deux composantes : « l'exemplification, c'est la possession plus la référence » (LA 87). La possession est une relation intrinsèque et s'applique de manière monotone à toute propriété instanciée, qu'elle soit intéressante ou triviale, et elle ne fournit en conséquence qu'une condition nécessaire. Pour qu'un élément exemplifie la rougeur, il faut qu'il ait la bonne couleur (être dénoté par l'étiquette « rouge ») et que cette propriété soit investie dans un parcours symbolique effectif, qui comporte souvent une dimension sociale ou une décision interprétative. Dans certaines œuvres d'art, un drapé qui représente la forme gonflée d'une étoffe matérialise par excellence des traits stylistiques liés à la facture du peintre ou à la psychologie supposée du personnage (MM 56). De manière générale, « établir une relation référentielle consiste à concentrer son attention sur certaines propriétés, à sélectionner des associations avec certains autres objets » (LA 119) et à les rendre selon le contexte plus évidentes ou plus subtiles.

Même dans le cas le plus banal, il existe une marge de manœuvre importante. Pour répondre à une question sur la couleur d'un objet, on peut se servir d'un prédicat (dire « rouge ») ou d'un échantillon (montrer un petit carton rouge) ou encore cumuler les deux (écrire « rouge » à l'encre rouge) (LA 93). Normalement un énoncé verbal fait prévaloir les prédicats (il est remplaçable par d'autres inscriptions linguistiques qui en sont des synonymes ou des traductions) mais dans *False Start* (1959) Johns utilise des noms de couleur en tant qu'échantillons colorés qui n'exemplifient pas ce que le mot dénote (« rouge » est écrit en bleu) et à l'inverse le feu rouge placé à un carrefour utilise une couleur comme étiquette visuelle signalant par convention un risque de danger.

Il est bien sûr extrêmement tentant d'appliquer une telle analyse inscriptionnelle à des peintures abstraites où l'absence de figuration neutralise l'usage dénotatif (MM 98-99). Catherine Elgin prend l'exemple de Pollock dont le tableau « *Number One* exemplifie la capacité de la peinture de couler, d'éclabousser, de baver et de faire des empâtements, mais non sa capacité de dépeindre, de portraiturer, d'enregistrer et d'évoquer» (1992, 53). Mais jusqu'à quel point est-il satisfaisant de traiter un tableau abstrait comme un échantillon de ce qu'il montre? Elgin suggère que les étiquettes se confondent ici avec les symboles qui exemplifient mais ne court-on pas le risque qu'un tableau ne soit plus qu'un échantillon de lui-même qui exemplifie moins des propriétés que la propriété d'exemplifier de telles propriétés, tout comme un échantillon de tailleur peut exemplifier ce qu'est un échantillon de tailleur (LA 87)? L'art conceptuel serait en ce sens l'aboutissement de l'histoire de l'art en tant que capacité d'exemplifier ses constituants systémiques. Jean-Marie Schaeffer remarque que l'usage de l'échantillon commercial est encadré par un contexte d'emploi explicite et souvent limité, alors qu'il n'existe rien de tel pour les œuvres d'art qui sont ouvertes à n'importe quelle sollicitation esthétique. Goodman reconnaît qu'«un trait saillant de la symbolisation (est) qu'elle peut aller et venir» (MM 104), d'où l'avantage de remplacer la question d'essence «Qu'est-ce que l'art?» par une question plus modeste et plus contextuelle «Quand y a-t-il art?» Mais, objecte Margolis, Goodman «n'explique jamais *quand* les choses exemplifient» et «pourquoi nous traitons *toujours* les œuvres d'art en échantillons de leurs propres propriétés» (1980, 99), ce qui conduit à poser deux questions iconoclastes: «qu'est-ce qu'il y a quand?» et «quand y a-t-il quoi?» (1981). Une autre manière de le dire est que l'exemplification est toujours menacée par deux écueils, d'une part retomber platement vers l'«identification chosique», de l'autre se dissoudre dans le jeu de miroirs des associations d'idées (Schaeffer 1996, 311-312).

Référence généralisée

Bien que dénotation et exemplification forment le soubassement technique de la théorie de la symbolisation, leur action isolée ne suffit pas car elles interviennent toujours dans un réseau plus large où d'autres relations entrent en jeu (citation, allusion, etc.), où les parcours métaphoriques inter-agissent avec la dimension littérale et où les interconnexions prennent l'avantage. Curieusement, c'est assez tardivement que Goodman a ressenti le besoin de donner une présentation synthétique des « chemins de la référence » (MOM III-1) et de mettre l'accent sur ses trajets de complexification.

Un aspect déterminant est la prise en compte de chaines référentielles qui combinent plusieurs relations, avec des étapes intermédiaires. Traiter un homme de souris pourrait par exemple s'interpréter de cette façon : « "souris" dénote les souris qui exemplifient une étiquette telle que "timide" qui dénote aussi et est exemplifiée par l'homme en question » (MOM 64). Ceci fournit de nombreuses ressources pour éclairer le discours métaphorique car personne ne comprend l'énoncé « Achille est un lion » comme une spécification de « un homme est un animal » mais tout le monde restitue l'étape intermédiaire implicite que ce guerrier a le genre de qualités que possède le roi des animaux. Dans d'autres cas, on a à faire à des trajets en circuit fermé, au terme desquels un ensemble d'étiquettes est réinjecté sur le domaine de départ (LA 114-115). Goodman concède qu'il n'est pas toujours facile de retrouver l'itinéraire véritable ou probable mais c'est un point de peu d'intérêt pour lui (109) car il ne conçoit pas une telle analyse des corrélations comme fournissant une explication d'ordre linguistique ou littéraire mais comme un support théorique, « de simples dispositifs pour calculer l'éloignement référentiel » (MOM 64).

Il ne faudrait cependant pas donner l'impression que ces chaines ne sont que de libres ramifications se développant au hasard, en produisant des sortes de métastases symboliques. Goodman ne perd jamais de vue les contraintes logiques et, de même que les réquisits notationnels sont choisis pour garantir aux ensembles symboliques un équivalent de la consistance et de la décidabilité propres aux systèmes formels, les chaines doivent satisfaire des conditions de signifiance strictes analogues à celles qui s'appliquent dans la théorie russellienne des types. Toute symbolisation est représentable dans un graphe à deux dimensions – avec en abscisse l'éloignement référentiel et en ordonnée le niveau dénotationnel – qui doit respecter deux règles : posséder obligatoirement un point d'ancrage au niveau le plus bas qui est celui des individus (mais pas nécessairement à une étape donnée) et passer à l'étape suivante en transitant par le niveau immédiatement consécutif et rien que lui (MOM 63), de manière à neutraliser les pièges de l'analogie et de l'ordre vicieux.

Est-ce que ce genre de prescription constitue un obstacle à l'inventivité artistique et notamment littéraire ? En aucune façon car le propre de l'art est de tourner les contraintes en défis. Une part notable de l'attrait de la littérature réside dans l'usage de techniques de narration qui déjouent les attentes en ajoutant des détours imprévus (qu'on pense à Sterne ou Diderot) ou en jouant des décalages entre la séquence des faits et l'ordre du récit (MOM 110). Une autre part est la construction fictionnelle de personnages et de situations qui confèrent au texte une puissance imaginative sans limites. Mais qu'il s'agisse de Don Quichotte ou du héros du *Chevalier inexistant* de Calvino qui se réduit à une armure vide (66-67), ce serait une erreur de penser que leur inexistence ou leur impossibilité d'exister les condamne à n'être que des fantômes de papier, car ils entrent dans le même maillage symbolique que les êtres les plus ordinaires et peuvent être dénotés par les mêmes sortes d'étiquettes. Plus importante que l'identité de chaque terme est donc la configuration qui fait fonctionner des étiquettes pertinentes et les relie selon un ordre correct.

Notation

La notation constitue le complément théorique nécessaire de la référence, en prenant en compte la structure sémiotique des supports de symbolisation. Une œuvre ou un objet social fonctionne en tant que symbole mais il possède lui-même des caractéristiques qui dépendent des marques qui le composent (ce terme volontairement neutre recouvre toute forme de *token* sensible, trait, tache, son, geste, etc.). Les marques ne sont pas des *qualia* mais des inscriptions physiques, mais tout se passe comme si Goodman poursuivait le même type d'objectif que dans SA, à savoir mettre au clair l'architecture de ces quasi-*concreta* que sont les objets symboliques. Deux chapitres de LA (IV et V) sont entièrement consacrés à cette analyse dans le détail de laquelle il est impossible d'entrer ici. Trois points de portée générale méritent cependant d'être soulignés.

Le cadre conceptuel est on ne peut plus classique. Il fait intervenir la double dimension syntaxique et sémantique qui structure l'analyse logique, et il adopte comme fil conducteur une perspective de style algébrique : à quelles conditions des marques quelconques sont-elles susceptibles de former des caractères c'est-à-dire des classes d'équivalence ? Goodman énonce un groupe de cinq réquisits : disjointure et différenciation finie des caractères (sur le plan syntaxique), non-ambiguïté, disjointure et différenciation finie des classes de concordance (sur le plan sémantique). Leur application permet de distinguer trois degrés de structuration : les ensembles non notationnels (denses), les schémas notationnels (structurés syntaxiquement mais non sémantiquement) et les systèmes notationnels (à double structuration) dont les deux extrêmes correspondent aux deux pôles de l'analogique et du digital (ou numérique), opposition qui est au cœur de toutes les technologies de l'information.

Restreint aux arts, le programme fournit le principe d'une classification qui ne repose pas sur un point de vue descriptif ou historique mais sur le tissu sémiotique et intersymbolique. En conséquence de la tripartition précédente, on distingue trois variétés de base : les esquisses, les scripts et les partitions. Celles-ci correspondent approximativement aux images traditionnelles, aux textes (les concordants des langues naturelles ne sont pas différenciés, à l'encontre de ceux du langage formalisé) et aux œuvres musicales notées (les seules qui s'approchent du sens algébrique de « partition »). [La dernière possibilité, celle d'une structuration sémantique sans structuration syntaxique, n'est pas stable et ferait perdre le bénéfice de la notationalité.] Au lieu de se focaliser sur des catégories fixes qui sont plutôt des points de repère, il est plus fructueux – et notamment d'un point de vue esthétique – d'insister sur les phénomènes d'attraction et d'évolution qui naissent au contact des catégories : Kandinsky a rêvé d'un alphabet plastique (et même d'une basse continue picturale), il arrive que la syntaxe de certains textes soit suffisamment perturbée pour qu'ils perdent leur identité sémantique ou deviennent pur prétexte à ornementation, et comme on l'a vu la récitation d'un texte est plus proche de l'exécution musicale que de la lecture (Morizot, 2011, chap. 4).

L'inconvénient de ces concepts sémiotiques est qu'ils conduisent à dissocier des objets qui sont perceptivement identiques. Ainsi une image de synthèse et une photographie argentique non différenciables à l'œil nu sont respectivement une partition et une esquisse, et une bande de musique électro-acoustique s'apparente à un film produit une fois pour toutes. Il ne faudrait pas en déduire pour autant que le processus d'interprétation est dépendant de la catégorisation ou indifférent à son égard, il joue en fait à plusieurs niveaux, et pas nécessairement de façon convergente pour chacun d'eux. En revanche, leur avantage est de traiter les arts sur un pied d'égalité avec tous les autres objets symboliques (par exemple les montres et compteurs de LA IV-7) et de mettre en parallèle des processus sémiotiques avec des dispositifs épistémologiques (un des exemples les plus remarquables est la traduction inductive de la supplémentation de données en LA IV-9).

Certes on peut objecter à l'ensemble du projet qu'il offre « un cadre trop étroit pour définir le symbolisme des arts » (Vuillemin, 1970, 73) et que sans l'avouer il fait fond sur un savoir implicite de connaisseur. Le même auteur ajoute que « le primat de la dénotation, naturel dans la science, n'est pas à sa place dans les arts » (87) et que cela conduit Goodman à assimiler de manière indue deux notions d'exemplification irréductibles l'une à l'autre, d'une part la relation converse de la dénotation qui est une fonction linguistique et conventionnelle, d'autre part un acte de participation qui répond à une fonction ostensive. La méfiance invétérée de Goodman envers toute forme d'esthétique subjectiviste l'a détourné d'approfondir ce genre de distinction mais à coup sûr son orientation théorique ne pouvait non plus l'y inciter. Ce que sous-estiment en revanche les critiques précédentes est que son analyse est particulièrement en phase avec des modes de symbolisation qui sont beaucoup plus bruts que ceux qui prévalaient dans les œuvres plus anciennes, entre autres le collage, la musique électro-acoustique ou les performances. Tout se passe dans la pratique symbolique des arts comme si la dénotation devenait de plus en plus aléatoire et en contrepartie l'exemplification de plus en plus directe.

L'ART EN TANT QUE MODE DE SYMBOLISATION

Le domaine symbolique est immense et disparate et l'art n'en occupe qu'un canton assez restreint. Pourtant Goodman lui accorde une importance privilégiée, par goût personnel sans aucun doute, mais aussi parce que l'art propose des situations symboliques originales et subtiles qui apportent des raisons d'affiner les théories générales. Les deux prochaines sections seront donc consacrées à l'art, dans deux perspectives complémentaires : des modalités symboliques vers l'usage esthétique qui les spécifie et de questions locales vers leur portée épistémologique plus large. La philosophie de l'art n'a pas manqué de paradigmes pour expliciter le statut ou le mode d'action des œuvres. On peut néanmoins considérer que les approches fondées sur la représentation et sur l'expression ont été les plus influentes de toutes celles qui ont été avancées. Or les analyses de Goodman les prennent l'une et l'autre à contrepied, en mettant en question leur naturalité supposée et en les soumettant à une radiographie impitoyable. Quel est l'apport d'une conception symbolique en ce qui les concerne et que reste-t-il des concepts d'origine ?

Représentation (1)

Prise dans son acception large, la représentation recouvre les modes de la description et de la dépiction c'est-à-dire les processus de symbolisation qui font usage de mots et d'images. Toutefois Goodman restreint en fait le plus souvent l'usage du terme à la représentation iconique dans ses multiples espèces. En revanche, il tire les conséquences de l'adoption d'un paradigme symbolique en soutenant que « rien n'est intrinsèquement une représentation » (LA 270), mais que quelque chose fonctionne ainsi à l'intérieur d'un contexte donné, que celui-ci soit trivial, inhabituel ou même *ad hoc*. Expliciter son approche de la représentation fait intervenir au moins cinq moments.

1) Une bonne part du débat sur la représentation s'est focalisée sur le rôle de la ressemblance et sur l'idée commune que le propre d'une image est de fournir un portrait transparent et immédiatement reconnaissable de la réalité servant de modèle. Il est pourtant douteux que ce soit le point central. De manière plus vraisemblable, la pression de la ressemblance vient d'une focalisation excessive sur le couple textes/images et de l'idée que tout ce qui n'est pas mimétique doit être conventionnel (Schwartz, 1975). Dans ces conditions, l'image est un miroir (le terme revient à de multiples reprises dans les textes du XIXe siècle sur la photographie) et le texte le produit d'un ensemble de règles arbitraires, même si cela n'exclut pas l'existence d'images surcodées (iconologie). Il ne manque cependant pas non plus de théories qui ont cherché à retrouver dans les images la trace ou la contrepartie de lois linguistiques (G. Kepes, Groupe μ), et dans certains cas le questionnement s'inverse puisqu'on en vient à se demander si ce ne serait pas le monde qui ressemble aux images plutôt que le contraire, toutes positions qui sont assez éloignées de ce que peut défendre Goodman et étrangères à ses motivations.

L'analyse goodmanienne a pour point de départ le constat que la ressemblance et la représentation ne sont pas des relations logiquement homogènes puisque la seconde n'est ni réflexive ni symétrique (LA 34) et qu'il n'y aurait pas de sens à dire que le roi Louis XIV représente son portrait par Rigaud. Mais si la ressemblance ne suffit pas à établir la représentation, est-elle au moins une condition nécessaire ? Pas davantage. Goodman rejette la conception « naïve » qu'est pour lui le recours à une ressemblance objective (entre tableau et modèle) ou subjective (entre composition et sujet), en termes d'illusion (LA 59-60) mais il en irait de même d'une ressemblance expérimentée (dans le style de ce que développeront Ch. Peacocke ou R. Hopkins). Ceci n'invalide pas pour autant la notion car, si elle n'est pas un prérequis de la représentation, elle en est fréquemment un produit (LA 64). Après tout, « les jugements de similarité à des points de vue choisis et familiers sont, encore que grossiers et faillibles, aussi objectifs et catégoriques que n'importe lesquels de ceux qu'on fait en décrivant le monde » (LA 75-76). Certes, ils sont sujets à une foule d'influences « dont nos habitudes représentationnelles ne sont pas les moindres » (id.), si bien qu'il est à peu près impossible de tracer une ligne nette entre ce qui est conventionnel et ce qui ne l'est pas. Dans ce contexte, le conventionnalisme est sans nul doute plus cognitif que culturel.

2) Le premier pas positif énonce que « la dénotation est le cœur de la représentation et elle est indépendante de la ressemblance » (LA 35), c'est-à-dire en fin de compte « d'idées qui la dénaturent » (LA 67). S'appuyer sur la dénotation répond au souci de Goodman d'inscrire la représentation dans un cadre conceptuel extensionnel mais cela ne signifie pas l'y réduire. Il est d'ailleurs remarquable qu'il ne fasse pas grand effort pour expliciter le fonctionnement dénotationnel des images. S'agit-il de dire qu'une image dénote x si elle en constitue une description iconique correcte ou si elle est vraie de x ? ou bien

doit-on faire intervenir des considérations causales ou génétiques pour fixer la référence? Jenefer Robinson montre qu'aucune de ces deux interprétations ne fournit d'explication convaincante de sa position; si chacune, respectivement d'inspiration frégéenne (ou quinienne) et kripkéenne, rend compte d'un aspect, aucune n'épuise les mécanismes de la dénotation iconique, ni séparément ni conjointement (Robinson, 1978) et elle ne fournit donc pas une théorie générale de l'image. Elle conclut de façon inattendue mais probante que « Goodman ne prétend pas posséder une théorie de la dénotation. On nous dit que ce qui détermine ce qu'une image représente (dénote) est le plan de corrélation ou le système symbolique dans lequel l'image fonctionne comme caractère, mais on ne nous dit pas ce qui détermine le plan de corrélation lui-même » (1979, 68). La difficulté n'est pas propre à l'image, elle se pose chaque fois qu'il existe une pluralité de représentations dont chacune est correcte à un point de vue mais aucune n'est homogène aux autres. Bien sûr, toutes les solutions ne sont pas équivalentes, certains plans de corrélation sont mieux implantés ou fournissent une meilleure prise que d'autres et ils sont de plus en constante réorganisation, puisqu'un trait récurrent et exemplaire des arts réside dans la succession des mouvements et des styles. Sur la préférence de tel plan dans tel contexte, il est évidemment possible d'argumenter, de faire ressortir des avantages et des inconvénients et de souligner la portée des contrastes ou du parallélisme, mais il est impossible d'argumenter en faveur d'une catégorisation (MM 178). Aborder la représentation en tant que dénotation est moins une question de vérité que de stratégie en un sens pragmatique et elle encourt toujours le soupçon d'être trop *ad hoc* (LA 269).

3) Si elle ne l'est finalement pas, c'est que Goodman fait porter tout le poids de l'explication sur l'aspect structural, c'est-à-dire la texture syntaxique fine du symbole. Ce qui est requis à la base est que « pour représenter, une image doit fonctionner comme un symbole iconique ; à savoir, fonctionner dans un système tel que ce qui est dénoté dépende uniquement des propriétés iconiques du symbole » (LA 65-66) mais Goodman se contente de parler de manière vague d'« une caractérisation iconique élémentaire » qui n'apprend pas grand chose. Aller au-delà du formalisme macroscopique demande de repartir de la conceptualisation sémiotique et du constat que « l'esquisse ne fonctionne pas du tout dans un langage ou une notation, mais dans un système sans différenciation ni syntaxique ni sémantique » (LA 231-232). Son medium est analogique, avec pour conséquences qu'aucun trait ou détail ne peut être écarté ou négligé, et que l'image considérée a un statut autographique (toute duplication est une contrefaçon). Mais tout schéma dense n'est pas représentationnel (comme le montre un contre-exemple célèbre de Peacocke, 1987). Il faut ajouter une distinction supplémentaire, celle entre schémas saturés (esquisse) et atténués (diagramme imagé) (LA 273, RP 131). Cette frontière est de degré et non pas de nature, ce qui équivaut à dire que c'est la dimension interne qui prend ici l'avantage mais non dans le vide. Un symbole peut être dans cette mesure une représentation même quand il ne dénote pas, à condition toutefois qu'il existe une possibilité de corrélation significative de son contenu avec des *denotata* (LA 271-272). Lorsqu'il revient une dernière fois sur le sujet, Goodman retravaille la distinction analogique / digital, pour surmonter l'objection qu'une image peut être engendrée à partir de lettres (voire de la répétition d'une seule lettre) ou de marques quelconques (un

damier de petits carrés blancs et noirs). Est-ce qu'une telle image en discontinu ou pixellisée échoue à entrer dans un schème analogique? Soit un ensemble A de cartes dont chacune est une combinatoire issue du damier en noir et blanc ; certaines seront identifiées comme des lettres, des chiffres ou des images de toutes sortes, et le schème global est digital. Ajoutons à cet ensemble toutes les cartes qui font usage de nuances intermédiaires de gris. « Dans ce paquet augmenté, A', toute carte est indifférenciée de beaucoup d'autres ; le schème est analogique, voire dense de part en part » (RP 136-137), bien que A' contienne A et d'autres schèmes digitaux obtenus par prélèvement dans A'. La leçon est de portée tout à fait générale et fait ressortir une franche dissymétrie : « un schème analogique comprend de nombreux schèmes digitaux, et un schème digital est compris dans de nombreux schèmes analogiques ; mais il est clair qu'aucun schème digital ne contient un schème analogique » (137). Si « rien n'est intrinsèquement une représentation » (LA 270), il n'en reste pas moins que le changement de statut d'un schème iconique en fonction de son environnement sémiotique ne peut intervenir de façon aléatoire.

4) Le réalisme iconique est communément caractérisé par la facilité à appréhender le sujet des images, ce qui ne se vérifie pas dans le cas général avec d'autres symboles. Mais même pour des sortes courantes d'images, le réalisme est moins affaire de quantité d'information pertinente ou d'une probabilité élevée d'être induit en erreur (le trompe-l'œil est un pur artifice) qu'à un effet d'accoutumance à un système. Goodman distingue en fait trois sortes de réalisme irréductibles les unes aux autres. En premier lieu la familiarité vis-à-vis d'un mode de représentation (LA 61, MOM 127) qui passe par l'habitude et l'inculcation. Mais il arrive souvent qu'une

infraction judicieuse soit saluée comme une avancée majeure
(LA 62-63). Ce qui est en jeu alors, «c'est un réalisme au
sens, non de l'habitude, mais de la révélation» (MM 180,
Lopes 1995 qui compare Giotto et Duccio). Mais une fiction
échapperait-elle par principe au réalisme, qu'il soit familier ou
révélateur? Cette conclusion serait peu plausible puisqu'il est
difficile de mettre sur le même plan un conte de fées ou un
space opera et un roman à trame historique. On a tendance à
parler de réalisme lorsque c'est le contenu qui l'est (un roman
de Dickens mais non de Tolkien) mais la manière de dire ou de
montrer importe en fait autant que ce qu'on dit ou montre (une
nature morte de Fantin-Latour ou même de Morandi et un
papier collé de Picasso). Dans ce dernier cas, ce sont les
classifications qui rendent compte des principes, et aident à
discerner similitudes et différences, plutôt que ceux-ci ne les
expliquent (MOM 129-130).

5) Jusque-là, Goodman s'est prudemment tenu à l'écart de
la tradition esthétique, au point d'avouer se sentir «quelque
peu mal à l'aise» (LA 304) de frôler les questions du mérite et
de la beauté, mais le lien avec la sémiotique et la symbolisation
s'opère par le biais des symptômes (LA VI, 7). «Symptôme»
est à prendre dans le sens wittgensteinien (1996, 67) d'indice
ou de «marque distinctive» (LA 297), par opposition à un
critère qui fournit un moyen d'explication. Aussi la liste proposée dans LA puis complétée plus tard (MM 101-102) met-
elle l'accent sur des caractéristiques symboliques où il
n'existe aucun parcours prédéfini et qui fonctionnent donc
à rebours de la notation et même de la dénotation: densité
syntaxique et sémantique, saturation syntaxique, exemplification et chaines référentielles. L'usage des symptômes ne
fournit pas une réponse définitive ni même une hypothèse
non défaisable mais il attire l'attention sur des conditions

d'usage, car « tous les cinq sont des traits qui tendent à réduire la transparence, qui tendent à exiger de se concentrer sur le symbole pour déterminer ce qu'il est et ce à quoi il réfère » (MOM 137, MM 103). C'est pourquoi il ne sert à rien de cumuler des symptômes; chacun n'est séparément ni suffisant ni nécessaire bien que pris ensemble ils soient « conjonctive-ment suffisants et disjonctivement nécessaires » (LA 297). De plus, le souci affiché de Goodman « de mettre au rebut le mythe absurde et maladroit de l'insularité de l'expérience esthétique » (303) situe sa pratique dans la filiation directe de Hume, assurer « une sensibilité maximale de discrimi-nation » (295). Le pari est que l'excellence esthétique va de pair avec l'efficace de la symbolisation (301), ce qui la rend axiologiquement neutre mais tout sauf indifférente.

Expression

Le second grand paradigme en philosophie de l'art est l'expression qui pointe dans la direction opposée. Alors que la représentation était tournée vers le monde extérieur et ses richesses déployées, l'expression emprunte la voie de l'inté-riorisation et cherche à rendre visible l'impalpable ou le suggéré. Les irrationalistes de toute espèce se sont empressés de s'approprier cette notion, soit pour faire de l'œuvre une manifestation exemplaire de la vie psychique (des romanti-ques à Croce), soit pour justifier qu'elle exerce une action remarquable sur le public (comme Tolstoï dans on *Qu'est-ce que l'art ?*). On doit s'attendre à ce que Goodman qui se définit comme « un cognitiviste d'orientation plutôt comportemen-tale » (MOM Préface) – ce qui ne veut pas dire pour autant un behavioriste puisqu'il ajoute aussitôt qu'il « reconnaît les fonctions cognitives de l'émotion » – ne puisse que prendre le contrepied de ces attitudes. Il se démarque des théories de l'empathie, caricaturée en « immersion-titillante » (LA 146), mais son but est moins de dévaluer l'expression en tant que telle que de la redéfinir. De même que la dénotation a permis de retravailler les questions relatives à la représentation, de même la proposition de Goodman est de réinterpréter, ou plutôt de démystifier, l'expression à partir de ce qu'apprend l'exemplification.

On a vu précédemment qu'une entité quelconque exemplifie des étiquettes si elle possède les qualités correspondantes et que celles-ci font l'objet d'une symbolisation. Par exemple, une séquence musicale exemplifie que le tempo est allant, qu'une intervention du hautbois est virtuose, mais pas en principe le fait contingent que la qualité des interprètes est moyenne. Mais qu'en est-il lorsqu'on dit que cette musique est enjouée ou tonique ? Ces étiquettes ne font pas partie de ce qu'une œuvre est susceptible d'instancier puisque seuls des êtres doués de sensibilité sont capables de ressentir des états psychologiques et de réagir à des stimuli. Et pourtant l'usage qu'on fait de ces termes n'est ni factice ni arbitraire. Peut-on se contenter de dire que ce ne sont que de simples manières de parler, qui enjolivent ou abrègent le discours ? Mais pourquoi emploierions-nous précisément celles-ci et qu'est-ce qui permet de décider que leur contenu est approprié ? Faut-il en appeler à un monde d'intensions et de sous-entendus ou s'en remettre à ce que Wittgenstein qualifie de théorie magique de la référence ?

La solution de Goodman consiste à différencier deux registres de propriétés référentielles : celles qui sont littérales servent de support à l'exemplification *stricto sensu* et les autres ont un mode d'action plus indirect. L'expression correspond à ce second registre qui exploite des propriétés de type métaphorique ou figuré. Celles-ci ne sont en rien plus superficielles ou incertaines car « la possession est réelle, qu'elle soit métaphorique ou littérale » (LA 100). Néanmoins le statut de l'expression est plus délicat à fixer que celui de l'exemplification : d'un point de vue définitionnel, elle est sans conteste une variété de l'exemplification en tant que relation converse de la dénotation, mais en même temps elle fait usage de propriétés non exemplifiables. En cela, il y a bien deux processus parallèles, puisque la musique par exemple exemplifie des sonorités (graves ou aigues) et exprime le mouvement alors que la danse exemplifie le mouvement mais exprime le contraste entre des sonorités opposées. Certes la frontière entre les deux situations n'est pas étanche, elle dépend largement des contextes (RP 21) et elle n'est bien établie que lorsqu'il y a des qualités qui contrastent entre elles (Carroll, 1999, 93-94) – disons une *Texturologie* de Dubuffet et un tableau symboliste fin-de-siècle. Aucun de ces partages n'est non plus donné une fois pour toutes, ils dépendent surtout de leur environnement tant cognitif que culturel.

Trois caractéristiques précisent l'action et la portée de la métaphore :

a) Toute métaphore suppose un transfert c'est-à-dire le déplacement d'un jeu d'étiquettes (schème) – de préférence à une étiquette isolée – de son domaine d'origine vers un autre domaine d'application (règne). Ainsi on peut faire un usage métaphorique des températures ou des couleurs pour parler des sentiments. Mais dans le cas général la métaphore n'est effective que si l'on débouche sur un résultat original et qui remodèle le secteur considéré, d'où son caractère dynamique que souligne Goodman (« une attraction qui surmonte une résistance » LA 101) et son destin de rester en instance de révision. L'approche proposée offre une variante inscription-nelle de la théorie interactionniste de M. Black.

b) À la différence de Davidson qui soutient que le sens est toujours littéral et qu'on fait fausse route à chercher un autre contenu, Goodman ne voit aucune objection à ce que, si une expression est littéralement fausse, elle puisse être métaphoriquement vraie (LA 101). Dire que «ce lac est un saphir» équivaut en effet à dire que « "ce lac est métaphoriquement un saphir" est littéralement vrai» (MOM 72). Mais bien sûr n'importe quelle application ne convient pas et «la bonne métaphore donne satisfaction tout en déroutant» (LA 110). C'est ce qui confère au style une responsabilité particulière dans la transmission du contenu et de la tonalité d'une œuvre (MM chap. II).

c) Le fait que la métaphore vienne souvent en complément d'un parcours littéral n'implique pas qu'elle ne serait qu'un procédé destiné à enjoliver une version plus prosaïque. Loin d'être l'apanage de la rhétorique et des poètes lyriques, les métaphores abondent dans le discours le plus quotidien où elles sont devenues invisibles à force de circuler (Rousseau allait jusqu'à tenir l'usage littéral pour un résidu fossilisé d'un usage métaphorique préalable) et où elles exercent une fonction commode d'abréviation (LA 111). À l'inverse, il ne serait pas moins erroné de lui attribuer une quasi autonomie qui déplacerait simplement la question puisqu'on perdrait aussitôt la tension dont elle vit et que les facteurs qui ne cessent de redistribuer l'expression sont fondamentalement les mêmes au niveau littéral et métaphorique (124).

À titre d'illustration rapide, on peut mentionner quelques domaines où la théorie goodmanienne de l'expression apporte des aperçus significatifs. L'architecture constitue un cas intéressant car il ne s'agit pas d'un art représentationnel et néanmoins tout le monde s'accorde à penser qu'un bâtiment est susceptible de signifier (RP chap. II). Il est clair que les formes contournées et tourmentées de la Sagradia Familia de Gaudi sont l'antithèse du minimalisme implacable de Reitveld ou Mies van der Rohe (ce qui deviendra le « style international »). Les étiquettes concernées ne sont pas uniquement de nature culturelle ou historique, elles prennent sens à partir du bâti lui-même, de son schéma structurel ou de sa présentation extérieure. Le plan en forme de croix (latine ou grecque) d'une église renvoie à la liturgie chrétienne mais celle-ci est connotée ou exprimée de manières bien différentes par la nudité des monastères cisterciens, la transparence des cathédrales gothiques ou la surcharge décorative des édifices baroques de Rome ou de Prague. Un bâtiment ne peut en général exprimer quoi que ce soit qu'en exploitant des données spatiales ou contextuelles. Ce qui rend la maison construite par Wittgenstein si fascinante est précisément le rapport secret que l'espace physique semble y entretenir avec l'espace des pensées et pour sa part Erwin Panofsky retrouvait dans la structure de la cathédrale le mode d'organisation de la pensée scolastique (dans son *Architecture gothique et pensée scolastique*). Quant aux formes brisées de l'opéra construit par Utzon dans le port de Sydney, elles dérivent de choix techniques sophistiqués mais elles expriment des schémas de voiles qui font allusion à la situation qu'il occupe dans l'environnement.

Le partage et la relance réciproque des propriétés littérales exemplifiées et des propriétés métaphoriques exprimées sont encore plus accentués dans le cas de la variation puisque le processus référentiel joue en premier lieu à l'intérieur d'une série. Autrefois apanage de la musique, la variation s'est diffusée dans tous les arts et notamment en peinture, qu'on pense aux *Cathédrales* de Monet ou à l'*Élégie* de Motherwell riche de près de 200 tableaux. Chaque œuvre individuelle fait un commentaire sur le thème de départ et dialogue avec les autres, en sensibilisant des détails ou en soulignant des affinités et des différences. Elle met en jeu ce que Goodman appelle « l'exemplification contrastive » (RP 72) qui met les registres littéral et métaphorique en tension réciproque. Certains artistes comme Picasso en ont fait un outil incomparable d'analyse et de reconstruction, non seulement de certaines œuvres mais de l'idée même de création picturale. Goodman s'est inspiré à son tour du précédent de Picasso sur les *Ménines* (80-82) pour proposer une interprétation qui retient 19 variations qu'elle ordonne en séquences, et qui a donné lieu à un véritable spectacle multimédia. Sa démarche fait ici écho à ses développements sur la « biographie en images » du Prince Taishi peinte par Hata no Chitei au XIe siècle (MOM 116-119) où il s'agissait à rebours de comprendre quel était le principe de narration adopté.

L'ART, L'ESTHÉTIQUE ET LA COMPRÉHENSION

Si Goodman s'intéresse de si près à l'art, ce n'est pas uniquement parce qu'il est un connaisseur averti et un amateur passionné, c'est aussi et peut-être surtout parce qu'il est persuadé que les questions qui naissent de l'art sont autant de germes propres à féconder tout le champ de la connaissance et à améliorer notre prise sur le monde. À l'inverse, on a souvent l'impression que l'esthétique est vécue sinon comme un handicap, du moins comme une expérience qui tend à masquer les véritables enjeux ou à les contaminer par une subjectivité envahissante. Il répond à Boenders que « certains critiques pensent que le livre [= LA] laisse l'esthétique exactement là où elle en était. C'est peut-être le cas, de façon très similaire à la façon dont l'automobile a laissé le cheval et le buggy là où ils étaient, et l'aviation le chemin de fer là où il était » (MOM 198). Il avoue en conséquence que « le terme "appréciation de l'art", le terme "beauté" et quelques autres sont à peu près tabous pour moi parce qu'ils ont été associés avec des non-sens. Je suis plus intéressé par la compréhension de l'art, sa saisie, que par son appréciation » (197). Ce que Goodman récuse est moins l'esthétique en tant que discipline qu'une forme de discours dont l'art n'est que le prétexte et qui restreint son intérêt. En survalorisant l'art, il l'isole et appauvrit ses ressources. Par exemple, la thèse du « bain émotionnel » (ou son antithèse dans la « torpeur émotionnelle ») ne vaut pas mieux que celle de la représentation-copie (LA 288), toutes se font une piètre image de l'art et perdent de vue que « dans l'expérience esthétique les émotions fonctionnent cognitivement » (290). On est évidemment aux antipodes du pur style anglais – tel qu'il est incarné dans les articles de Sibley, Budd ou Scruton – et il faut d'abord lutter contre sa séduction pour espérer bénéficier de son apport.

Un reproche implicite mais récurrent adressé à l'esthétique est de ne prendre en compte qu'un segment trop restreint dans l'expérience des arts et de laisser de côté les conditions effectives d'activation sans lesquelles ce qui est ressenti n'a qu'une portée individuelle et contingente (cela ne la rend pas pour autant anecdotique, car les esthéticiens assument en toute conscience ces limitations). L'idée simple est que la notion de créer recouvre en fait deux opérations ou deux phases distinctes : « la réalisation consiste à produire une œuvre [*making a work*], l'implémentation consiste à la faire fonctionner [*making it work*] » (MOM 143). Sans la seconde, la première n'est pas concrétisée. L'œuvre n'est donc jamais le simple produit de l'artiste, elle s'inscrit dans une configuration qui la fait vivre. Ce que Goodman a en vue n'est pas une théorie institutionnelle, quand bien même il accorde une grande importance au mode de présentation des œuvres. Alors que Dickie (dans *The Art Circle*, Haven Press, 1984) fournit une définition classificatoire (l'art a un statut puisque quelque chose est une œuvre s'il est le résultat d'une pratique sociale appropriée), Goodman n'abandonne pas toute perspective fonctionnaliste, il la subordonne néanmoins à des conditions contextuelles pertinentes d'exercice. C'est pourquoi il propose de voir le musée moins comme un lieu de conservation que comme un centre de pédagogie visuelle et d'expérimentation culturelle active (MOM V, 4 et 5). « Le musée doit fonctionner comme une institution destinée à prévenir et à soigner la cécité, afin de permettre aux œuvres de fonctionner » (MOM 179), avec cette complication que « la santé culturelle est beaucoup moins facile à juger que la santé organique » (186). Telle est de manière plus générale la responsabilité des éducateurs, en quelque domaine que ce soit.

Authenticité

Certes Goodman reste attaché à la nature autographique des œuvres picturales en vertu de laquelle rien ne peut suppléer l'original, mais il introduit une distinction entre deux sortes d'authenticité : la *genuineness* qui fait que cette œuvre est celle-ci et non pas une autre, aussi proche soit-elle, et l'*authenticity* qui lui associe une qualité la rendant incomparable. Le cas Van Meegeren est à cet égard exemplaire. Ce qui retient l'attention de Goodman n'est pas tellement que les œuvres peintes « d'après Vermeer » soient des faux mais d'expliquer pourquoi on a pu aisément les recevoir comme des tableaux authentiques validés par des experts. Ce qui est en jeu n'est ni de l'incompétence ni de l'aveuglement. Il s'agit d'un processus très ordinaire de confirmation inductive dans lequel chaque attribution erronée modifie dans le mauvais sens la probabilité de l'attribution suivante. Tant qu'on raisonne avec une classe indéterminée de tableaux, on a tendance à les faire tous entrer dans une même catégorie en considérant ceux qui sont les moins typiques comme appartenant par exemple à la jeunesse de l'artiste ou ayant subi l'empreinte du commanditaire, alors que le fait de disposer de deux catégories exclusives (Vermeer *vs* Van Meegeren) permet de réorienter la pratique. «La manière dont les images diffèrent en fait constitue pour moi dès maintenant une différence esthétique entre elles parce que ce savoir que j'ai de la manière dont elles diffèrent sert de support à mon regard présent pour entrainer mes perceptions à différencier ces images ainsi que d'autres» (LA 140). Goodman ne dévalue pas la finesse esthétique, il la rend homogène à une démarche d'identification et de projection.

En va-t-il de même pour les œuvres allographiques dont la structure articulée rend l'identification triviale? La situation est plus complexe et elle demande de prendre en compte deux aspects. Du point de vue de l'identité opérale, il n'y a pas en littérature (ou en musique) l'équivalent du faux artistique (seulement des contrefaçons d'édition et d'exécution). Toute séquence correctement épelée est un exemplaire aussi authentique de l'œuvre que tout autre. Mais la position textualiste assumée par Goodman (1 texte ↔ 1 œuvre) l'empêche aussi de reconnaître l'originalité du projet que Borges prête à son personnage «Pierre Ménard, auteur du *Quichotte*» (dans une des nouvelles de *Fictions*, 1951). Celui-ci n'a rien d'un plagiaire (qui recopie une œuvre existante) ni d'un faussaire (qui fait passer son œuvre pour celle d'un autre plus prestigieux). Il est en effet douteux que le fait troublant pour son texte de coïncider signe à signe avec un chapitre de Cervantès constitue une condition suffisante pour conclure qu'il n'a fait qu'engendrer par une méthode inattendue la même œuvre que son prédécesseur (Morizot, 1999). Restreindre la *genuineness* à ses caractéristiques sémiotiques revient à mettre entre parenthèses les autres facteurs qui sont plus déterminants dans la reconnaissance esthétique de l'œuvre. Il serait cependant difficile d'en tirer argument pour invalider la tâche de la critique littéraire (pas simplement génétique). Goodman rappelle en effet que l'exemplification littéraire nécessite de mettre en relation deux vocabulaires ou le même vocabulaire à des niveaux différents et qu'on s'attendrait à ce que la présence d'une notation change la donne (LA 280-282). Ce n'est pas le cas en réalité, en raison de la densité sémantique des langues qui rapproche le cas des textes de celui des images (effectuer une mesure avec un mètre non gradué ou avec des tolérances non fixées). La conclusion est que dans tous les cas « une recherche sans fin est toujours requise », ce qui incite à conclure que la démarche esthétique en est plutôt relancée.

La créativité comme compréhension

Wollheim remarque que le rôle historique irremplaçable de Goodman a été de comprendre que la redéfinition de l'esthétique avait pour préalable une redécouverte de l'art par la philosophie (1991, 37). Au lieu de se focaliser sur la question du jugement esthétique, il met au centre la reconnaissance que l'art possède une signification ou un contenu. À partir de ce constat, certains ont caressé le rêve d'une esthétique enfin scientifique. Tel n'est pas l'objectif de Goodman dont le programme n'a sur ce point rien de positiviste. Il cherche avant tout à faire émerger une notion de compréhension qui ne soit plus enfermée dans les frontières étroites des disciplines et pour laquelle la recherche expérimentale viendrait féconder les échanges réciproques. Son combat passe par « l'intégration des arts dans notre concept du cognitif » (MOM 150), avec comme horizon plus ou moins proche l'idée d'une « reconception » de la philosophie (RP chap. x-5).

Sous l'angle épistémologique, la vérité cède le pas à la correction, non parce que la vérité serait une notion suspecte mais parce qu'elle est de peu de ressources en face de versions disparates et non commensurables. Il n'y a pas de sens, lorsqu'on compare deux tableaux d'Utrillo et de Soutine, de se demander lequel des deux est vrai ou si l'un est plus vrai que l'autre, à vrai dire pas davantage que de « savoir si un certain amas de molécules et ma table sont une seule et même chose » (MM 182). L'idée de correction convient particulièrement à l'adéquation symbolique car elle prend en compte des facteurs que la vérité peine à évaluer : « leur pertinence et leur caractère innovateur, leur force et ajustement » (39 ; voir aussi 189 et LA 307) si bien que « le progrès de la compréhension ressemble plutôt à l'art du charpentier qu'à celui du calcul » (RP 174). Ce qui en résulte n'est pas une synthèse de choses sues, leur solidification en un système, et pas même une interprétation qui s'imposerait avec plus d'évidence ; elle est plutôt le processus jamais clos d'employer nos capacités de recherche, d'invention, d'ordination, de clarification, dans le cadre d'une activité cognitive de *worldmaking*. Elle est donc condamnée à réorganiser et à anticiper, une idée que Goodman partage avec les épistémologies critiques et génétiques.

Lorsque Goodman affirme que « le dessein primordial [de la symbolisation] est la cognition en elle-même et pour elle-même » (LA 301), il ne sous-entend ni ne revendique aucun point de vue hégémonique. S'il en allait autrement, il n'inciterait pas à repenser la cognition dans la multiplicité de ses dimensions : « la connaissance inclut l'apprentissage, le savoir, l'acquisition d'idées et la compréhension par tous les moyens dont on dispose. Développer la discrimination sensorielle est aussi cognitif que d'inventer des concepts numériques complexes ou de démontrer des théorèmes » (MOM 147). Au sein de ce concept élargi de la cognition, les diverses facettes de la connaissance ne cessent d'interagir les unes sur les autres et aucune ne peut se prévaloir d'un monopole – d'où cet aveu extrêmement révélateur dans une réponse à James Ackerman : « bien loin de vouloir désensibiliser l'expérience esthétique, je veux sensibiliser la cognition » (8). Il est probable que nombre d'esthéticiens ressentent quelque gêne devant une telle déclaration car ils ont tendance à penser que son auteur cherche à contrer une objection. C'est peu probable. Il est plus fructueux d'y chercher un appel à la créativité et une incitation à profiter dans tous les domaines du dynamisme et de l'inventivité que stimulent les arts, leçon qu'il a su lui-même appliquer de manière exemplaire, en écho à ses prédécesseurs du XVIIIᵉ siècle.

UNE POSTÉRITÉ INCERTAINE

Goodman est à la fois un philosophe reconnu et un auteur méconnu. Son œuvre n'est pas ignorée, on s'accorde même à lui reconnaître une place significative dans les anthologies et les présentations de la pensée du XXᵉ siècle. Chacun de ses livres a donné lieu à un colloque ou un numéro spécial de revue (voir bibliographie). Le caractère intransigeant de sa pensée en a même fait le représentant par excellence de positions philosophiques à l'état quasi pur. Mais il y a un revers à ce genre de célébration, à savoir la séparation des questions traitées de leur arrière-plan conceptuel. Cela n'est pas très grave lorsqu'il s'agit de notions techniques délimitées comme celle de la synonymie ou de l'équilibre réfléchi. Mais d'autres comme l'énigme des émeraudes vleues ou la dissociation entre ressemblance et représentation, pour s'en tenir à des cas marquants, deviennent autant de morceaux de bravoure qui sont moins analysés que mis en exergue en tant qu'exemples d'une stratégie qui va jusqu'au bout de ses possibilités. À plus grande échelle, il en découle une forme de frustration qui constitue un obstacle à une perception équilibrée de l'œuvre en sa globalité. Dans l'appréhension croisée, cette situation affecte autant les épistémologues que les esthéticiens, les premiers parce qu'ils restent dubitatifs devant la décision de donner aux arts la même importance symbolique qu'aux activités de nature rationnelle, et les seconds parce qu'ils craignent que cette même décision conduise à nier ou au moins à banaliser ce qui serait le propre de l'expérience des arts. De fait, lors du congrès de l'American Society of Aesthetics qui s'est tenu à Washington en 1999 quelques mois seulement après la disparition de Goodman, pas le moindre hommage ne lui fut rendu, comme s'il appartenait déjà à un âge révolu. Pour parodier une déclaration tardive de Kant, on ne peut cependant s'empêcher de se demander s'il n'a pas ressenti la tentation de reconstruire toute son œuvre à partir du point d'arrivée.

Pour accéder à une appréciation objective, il faut en tout cas tenir compte d'évolutions profondes dans les courants dominants en philosophie. Le nominalisme et le phénoména-lisme qui ont été au cœur du programme de Goodman dans sa phase initiale ne sont plus guère présents qu'au titre historique de répertoire de concepts et de méthodes. On a assisté à un regain du réalisme sous toutes ses formes, depuis le réalisme modeste du sens commun jusqu'au réalisme modal le plus échevelé. En parallèle, l'effondrement du modèle sémiotique a repoussé au second plan une part non négligeable de ses préoccupations, même si le fait que sa théorie de la symbolisation ait un soubassement logique et non linguistique ne leur retire aucune validité. Le concept d'exemplification n'a par voie de conséquence pas reçu toute l'attention qu'il méritait ou a donné lieu à des usages stéréotypés. L'insistance de Goodman et Elgin sur l'échantillon n'a d'ailleurs fait que renforcer cette tendance et on est en droit de penser qu'on ne dispose toujours pas d'une théorie pleinement satisfaisante en la matière. Ce sont évidemment les sciences cognitives qui ont occupé l'espace laissé vacant et pris le relais, en insistant sur les mécanismes perceptifs de réception et en déplaçant le centre d'intérêt de l'esthétique de la philosophie du langage et de l'épistémologie vers la philosophie de l'esprit. Dans cette perspective, la situation de Goodman est d'emblée problématique puisque l'image qu'il donne de la compréhension est sans ambiguïté d'orientation cognitive alors qu'il résiste par ailleurs vigoureusement à admettre l'existence de représentations mentales (MOM I-6 et RP V). Et ce qui complique encore les choses est qu'une distinction sémiotique centrale comme le couple analogique / digital a migré vers la philosophie de l'esprit où elle en est venue avec Fred Dretske (dans *Knowledge and the Flow of Information*, MIT Press, 1981) à caractériser la différence entre le contenu large (perceptif) et le contenu étroit (propositionnel) associé à une représentation donnée. L'héritage le plus significatif de Goodman ne se place donc peut-être pas là où on a tendance à le chercher et où lui-même l'aurait situé.

L'influence qu'il exerce aujourd'hui est assez diffuse puisqu'il n'y a pas à proprement parler une école goodmanienne, en dépit des prolongements importants donnés par Elgin en qualité de collaboratrice et co-auteur de textes tardifs.

Les domaines où elle est le plus facile à repérer sont l'anthro-pologie culturelle et la théorie de l'image. Dans ce dernier cas, il ne fait aucun doute que la publication de *Langages de l'art* en 1968 a représenté une secousse majeure, pour certains indice d'une avancée libératrice et pour d'autres source d'un regrettable malentendu que la publication de *Deeper into Pictures* de Schier en 1986 allait heureusement dissiper. L'intervalle de ces deux décennies se caractérise par une large diffusion des critiques de Goodman au-delà des cercles philo-sophiques et une forte résistance de la philosophie de l'art attachée à la notion d'expérience esthétique. Cette période est désormais dépassée et il est à nouveau possible d'entreprendre un dialogue constructif avec Goodman. À titre d'illustration, on peut citer deux stratégies contemporaines, celle de la base structurale renouvelée et celle de l'intégration dynamique. « Comment quelqu'un peut-il s'arranger pour avoir à tel point raison et tort en même temps ? » se demande Kulvicki (2006, VII). La solution qu'il adopte est de reprendre à son compte le point de vue de vue structural en rejetant les critères de Goodman qui n'assurent pas des conditions suffisantes pour une théorie adéquate de la représentation et en les rempla-çant par de critères jugés plus adéquats (en termes de « pro-priétés syntaxiquement pertinentes ». L'orientation de Lopes est différente, il veut surmonter l'anti-perceptualisme de Goodman sans abandonner l'horizon symbolique. Son pari est qu'« une théorie de la dépiction peut, sans inconsistance, expliquer que les images sont à la fois symboliques et perceptuelles » (1996, 57), à condition de se doter de concepts appropriés (comme l'aspectualité iconique, ou l'informativité systémique), Aucune des deux contributions ne peut être dite goodmanienne au sens strict mais chacune des deux fournit une réappropriation prometteuse et féconde de l'analyse qu'il a initiée.

Quelle image reste alors en propre à Goodman lui-même ? Pas tellement la liste de ses écrits et de leurs résultats (qu'on ne jugera pas pour autant négligeable !) que l'insatiable passion de comprendre. Non pas de savoir ou d'être certain mais de refaire et de mieux comprendre ou de plusieurs façons. À la fois lorsqu'une question d'allure toute simple (à quelles conditions un prédicat est-il réellement projetable ?, une notation est-elle concevable pour la danse ?) contient le germe de tout un programme philosophique, et lorsqu'une ambitieuse construction vient achopper ou rebondir sur un point de détail.

LES ŒUVRES MAJEURES

INTRODUCTION

S'il n'y a pas *une* philosophie, mais de *multiples* philosophies de Goodman, elles sont les pièces d'un puzzle – méréologie oblige – qui, une fois monté, forme une totalité non seulement cohérente mais systématique. Même en suivant l'ordre de parution des œuvres de Goodman, c'est-à-dire, en assemblant les différentes pièces de la pensée de Goodman, comme nous le ferons dans ce chapitre, son caractère systématique apparaît manifeste.

Tout part d'*Une Étude des qualités,* la thèse de doctorat soutenue en 1941, reprise et reconçue dans *La structure de l'apparence* en 1951. Les deux ouvrages introduisent la notion de *système constructionnel,* la pièce maîtresse du puzzle. Une reconstruction rationnelle de notre représentation intuitive de la réalité introduit des fictions, des simplifications, des idéalisations, car elle ne vise pas la figuration des états de choses ou la description de processus psychologiques réels. « Le donné » est alors lui-même une fiction. Ce qui importe, c'est que la reconstruction soit, non pas vraie, en correspondance avec une réalité toute faite, mais « correcte » (*right*). Les vertus d'un système constructionnel sont en effet la consistance logique, la clarté (une valeur épistémologique, dont le contraire est l'obscurité) et la simplicité (une valeur ontologique consistant à développer un système n'affirmant pas l'existence de plus de types d'entités qu'il n'est nécessaire, c'est-à-dire encourageant à respecter un principe d'économie ontologique).

Puis vient *Faits, fictions et prédictions*, en 1954. On y applique certains résultats de *La Structure de l'apparence* à la question de savoir s'il existe des catégories réelles de choses dans le monde. La réponse pour un constructionnaliste conséquent est négative. Ce qui implique une forme de nominalisme radical, le rejet de la thèse platonicienne et aristotélicienne que nous pourrions découper la réalité selon ses articulations naturelles, indépendantes de nos usages linguistiques.

Langages de l'art, en 1968, élabore une théorie générale des symboles montrant que les œuvres d'art sont des constructions symboliques dont nous pouvons expliquer à la fois les principes d'organisation et aussi les relations logiques mise en œuvre dans leur compréhension. Cela a des conséquences importantes pour des questions sensibles de philosophie de l'art : l'identité des œuvres (en quoi consiste d'être *cette* œuvre ?), leur authenticité (en quoi consiste d'être bien l'œuvre attribuée à tel artiste), mais aussi leur fonctionnement esthétique (comment les œuvres signifient-elles ?). La question longtemps tenue pour centrale de l'esthétique, celle de la beauté ou du mérite esthétique des œuvres, celle surtout des critères pour juger de cette beauté et de ces mérites, est marginalisée. La notion d'expérience esthétique est redéfinie en dehors de tout subjectivisme et même de tout psychologisme.

Manières de faire des mondes, en 1978, tire de nouvelles conséquences de la réponse négative à la question de l'existence de catégories réelles de choses. Le livre développe, voire vulgarise, l'idée de base de *La structure de l'apparence* : nous construisons la réalité, nous ne la trouvons pas toute faite. Goodman propose un terme, « *l'irréalisme* », pour caractériser une attitude témoignant d'un désintérêt à l'égard de plusieurs *ismes* : *le réalisme* : la réalité existe indépendamment de nous et nous pouvons la connaître comme telle ; *l'idéalisme* : nous n'avons d'accès qu'aux idées – voire il n'existe que des idées – ou aux représentations, ou au langage ; *l'empirisme* : nous pouvons réduire toute notre connaissance à des perceptions ou à des expériences, voire des vécus élémentaires ; *le rationalisme* : nous pouvons parvenir à la connaissance de la réalité grâce à des idées innées ou par l'accès à des principes de la raison.

L'irréalisme goodmanien implique une forme de relativisme. Mais il n'a rien d'historique ou de sociologique, comme c'est souvent le cas dans la philosophie au XXᵉ siècle. C'est un relativisme constructionnel : une pluralité de systèmes constructionnels est possible, et le choix entre eux est pragmatique. Ce qui n'engendre aucune critique de la science ou des capacités que nous aurions de comprendre le(s) monde(s) qui nous entoure(nt). Tout au contraire, nous voyons maintenant apparaître l'image que le puzzle forme enfin : une philosophie de la compréhension (*understanding*), qui s'oppose aussi bien aux prétentions réalistes à la vérité unique et absolue qu'au scepticisme.

Nous sommes alors bien loin de la critique de la rationalité scientifique ou philosophique qui se manifeste, de façons diverses, dans certaines formes de relativisme postmoderne, comme chez Martin Heidegger, Michel Foucault, Gilles Deleuze ou Jacques Derrida. Le rapprochement suggéré entre l'irréalisme de Goodman et cette philosophie postmoderne est un contresens qui, pris au sérieux, entraverait la bonne compréhension de Goodman.

Enfin, *Reconceptions en philosophie,* en 1988, achève le puzzle. Apparaît finalement comment la philosophie devrait se réorienter pour tenir compte des modifications de perspective que *La Structure de l'apparence* appelle, déjà esquissées dans les œuvres précédentes. Goodman insiste cette fois sur le contextualisme et le pragmatisme dans le choix des systèmes appropriés à la compréhension. Ce qui conduit à montrer que la notion de vérité est trop étroite pour rendre compte de ce que nous faisons avec les systèmes symboliques, et que celle de correction (*rightness*) est plus appropriée.

Les autres œuvres de Nelson Goodman, *Problèmes et Projets* (1972), *De l'esprit et autres questions* (1984), recueillent des articles qui étendent et complètent, explicitent, résument, appliquent encore et encore, les thèses et les arguments des thèses de doctorat, et des cinq livres principaux.

Cet itinéraire dans l'œuvre de Goodman en est en même temps une reconception destinée à pénétrer dans cette œuvre et à la comprendre. Elle part de l'idée qu'elle possède une forte unité et stabilité. L'œuvre de maturité de Goodman serait ainsi la première : la thèse que le Goodman de 35 ans soutient à Harvard. Mais son aridité et sa technicité ne rendaient vraiment pas facile à prévoir qu'elle contenait l'embryon d'une œuvre philosophique complète, comprenant une métaphysique, une épistémologie, une philosophie de l'art, une esthétique, une théorie des symboles et une philosophie de la philosophie.

Si les cinq grandes œuvres philosophiques de Goodman sont les pièces d'un puzzle, l'ensemble, monté, forme un *système philosophique.* Au moment même où, nous dit-on, tous les philosophes ou presque sont supposés avoir renoncé à en écrire, son œuvre, par sa rigueur et sa cohérence est comparable à celle des figures les plus réputées de l'histoire de la philosophie. Elle l'est aussi en recouvrant les domaines de la logique, de l'épistémologie, de la philosophie des sciences, de la philosophie du langage, de la philosophie de l'art, de l'esthétique, de la métaphysique, de la philosophie de la philosophie. Elle l'est encore par son originalité : Goodman a inventé une position philosophique originale. De lui, il serait difficile d'affirmer ce qu'on reproche parfois aux philosophes analytiques, qu'ils n'ont guère cherché qu'à résoudre techniquement des questions d'intérêt limité et étroit, et qu'ils ne possèdent aucun souffle philosophique ou métaphysique. Son élégante systématicité va de pair avec une large ampleur de vue.

Il convient de remarquer que la philosophie de l'art et l'esthétique de Goodman, exposées principalement dans *Langages de l'art* – et dans l'article le plus connu peut-être de Goodman, « Quand y a-t-il art ? », qui se trouve dans *Manières de faire des mondes* – ne constituent qu'un aspect de son système philosophique. C'est par lui que Goodman a acquis sa notoriété, tout particulièrement en France. Ce qui a peut-être conduit à fausser la perspective sur sa métaphysique, jugée parfois techniquement trop difficile et dès lors délaissée. Ce qui a aussi faussé la perspective sur sa philosophie de l'art, qui ne doit pas être détachée du projet philosophique général constructionniste de Goodman. Certaines critiques – voire certains incompréhensions – pourraient s'expliquer ainsi. Une étude de *Manières de faire des mondes* est aussi facilitée par une bonne intelligence du constructionnisme de Goodman ; on évite ainsi, principalement, de ne voir dans l'irréalisme qu'une forme de relativisme culturel.

Qu'on adhère ou non au constructionnisme (contre le réalisme), au nominalisme (contre une ontologie jugée dispendieuse) et à l'irréalisme (contre l'« absolutisme », pour reprendre le terme de Goodman), on peut avoir une admiration intellectuelle pour le projet philosophique de Goodman et sa réalisation raffinée, et tenter de justifier cette admiration. C'est la tâche que l'on se fixe dans ce qui suit.

UNE ÉTUDE DES QUALITÉS ET LA STRUCTURE DE L'APPARENCE

Construction logique

À celui qui veut comprendre Goodman, il faut conseiller d'entreprendre d'abord la lecture de *La Construction logique du monde*, de Rudolf Carnap. Mais le spécialiste de Carnap conseillerait peut-être à son tour de lire au préalable Russell et Frege… Où cela s'arrêterait-il ? Pourtant, il ne fait pas de doute que *Une Étude des qualités* reprend, à nouveaux frais, le projet constructionnel (Goodman ne dit pas « constitu-tionnel », comme Carnap) de *La Construction logique du Monde*. En outre, le chapitre v de *La Structure de l'apparence* en contient à la fois une étude détaillée et un commentaire critique.

La principale idée que Goodman emprunte à Carnap, c'est celle de *système constructionnel* : une reconstruction ration-nelle à partir de ce que nous savons, en particulier du savoir scientifique. Mais il ne s'agit pas du tout d'élaborer une méta-physique fondationnelle pour la science (un projet de type cartésien) ou une métaphysique possédant une logique propre (un projet de type hégélien, que l'on trouve aussi chez certains philosophes anglais de la fin du XIXe siècle, comme Bradley par exemple). Un système constructionnel est transparent : une fois indiqué le choix fait des éléments primitifs, les règles logiques de construction des éléments combinant des primitifs sont explicitées. Le système n'a nullement à correspondre au sens commun et à nos intuitions immédiates, jugées obscures et indéterminées. Sa transparence suppose en revanche que tout y soit manifeste et justifié dans le système. L'important est que nous retrouvions finalement non pas *le* monde (comme chez Carnap), mais les apparences, c'est-à-dire l'organisation ordonnée de nos représentations. Et nous les retrouverons par l'intermédiaire d'une reconstruction.

Nous sommes bien loin aussi d'un projet de type aristotélicien consistant à cerner les entités fondamentales *réelles* (ce qu'Aristote appelle les substances premières : Socrate, Rex le chien ou cette azalée); à indiquer quelles sont les principales catégories en termes desquelles nous pouvons leur attribuer des propriétés nécessaires ou contingentes; à penser le devenir en termes d'acte et de puissance. Pour Aristote, la métaphysique dit ce qu'est la réalité. Mais pour Goodman, le choix des primitifs du système constructionnel ne répond qu'aux réquisits du système lui-même – consistance logique, clarté et simplicité. Il n'a à satisfaire aucune exigence de correspondance ou de fidélité avec une réalité déjà donnée. Nous devons finalement parvenir à nous y retrouver en comprenant comment le système s'accorde avec les apparences qui s'offrent à nous. Mais cela ne dicte en rien ni les éléments du système ni sa structure.

Derrière les apparences, il n'y a pas un monde caché à découvrir; mais ces apparences nous pouvons leur donner un système ou même des systèmes – des structures – qui nous les rendent intelligibles. Ainsi, au-delà des apparences, rien ne nous est caché, mais nous pouvons tout (re)construire. S'il y a un philosophe pour lequel il n'y a pas d'arrière-monde, mais alors vraiment pas, c'est bien Goodman !

Le projet de *La Structure de l'apparence* possède un caractère volontariste, pour ne pas dire démiurgique. En philosophie, on ne part pas de l'évident, du manifeste, de données empiriques irrécusables; on forge des instruments intellectuels précis de reconstruction des apparences, en visant la plus grande clarté et consistance logique. C'est bizarre et dépaysant pour ceux pour lesquels notre monde comprend des entités concrètes particulières (cette pierre, ce cheval, cet être humain), possédant des propriétés particulières (cette nuance de gris, l'élégance de Roquépine, la sagesse de Socrate) ou générales (être minéral, être animal, être rationnel), qui peuvent être nécessaires (la rationalité est essentielle à l'être humain qu'est Socrate, comme à tous ses congénères) ou contingentes (Socrate pourrait n'être pas assis, mais debout ou couché); ceux pour lesquels les entités concrètes sont aussi ceci ou cela en puissance, par exemple Socrate assis est en puissance d'être debout. À ceux donc qui croient que le monde est organisé avant même que nous commencions à en penser la structure des apparences. Quand bien même nous ne nous prononcerions pas sur ce qu'il y a au-delà des apparences, ne croyons-nous pas que notre expérience est organisée d'une certaine façon, en réponse à ce qui existe, et qu'elle ne saurait l'être autrement? Mais Goodman entend récuser de tels présupposés métaphysiques et épistémologiques. Pour lui, construire un système, ce n'est pas faire une image fidèle de la réalité ou de notre expérience. C'est tout reconstruire. Non pas pour retrouver quelque chose qui était là avant. Il est possible qu'à cet égard *La Structure de l'apparence* ne soit pas un livre moins subversif que, disons, *Par-delà le bien et le mal*, même s'il a l'air plus inoffensif et, au goût de certains, plus rébarbatif!

Compter les individus

Les individus atomiques du système dans *La Structure de l'apparence* sont des *qualia*. Un *quale* est une caractéristique qualitative de l'expérience phénoménale : une certaine nuance de rouge apparaissant dans la présentation d'un certain vêtement sous une lumière particulière. Mais les *qualia* ne sont pas des propriétés d'un objet physique. Le *concretum* est un agrégat de *qualia* : une couleur, un moment et un emplacement dans le champ visuel. Attention, il ne s'agit pas du champ visuel *de quelqu'un* ; il ne s'agit pas de procéder à l'analyse du vécu phénoménologique d'un sujet ou d'un *ego*, constituant le sens du monde qu'il vise intentionnellement, ainsi que pourrait le suggérer un husserlien. Les *qualia* sont des universaux. Ils sont répétables. Constitués de *qualia*, les *concreta* particuliers sont donc constitués par des universaux. Il ne fait vraiment aucun doute, on le voit bien, que Goodman n'a aucune considération pour nos intuitions pré-systématiques et pour le sens commun.

Commentant son projet, Goodman dit :

> Puisqu'un système a des termes de base primitifs ou des éléments, et construit à partir d'eux une hiérarchie déterminée, nous en venons aisément à supposer que le monde doit consister en éléments atomiques correspondants, disposés de façon similaire. Dans ces dernières années, aucune théorie défendue par des philosophes de premier ordre ne me semble aussi évidemment fausse que la théorie iconique du langage. Pourtant, nous trouvons encore de subtils philosophes qui, sous la pression, adoptent l'idée de qualités ou de particules absolument simples. (PP 24-25)

Si un système fait la carte d'un territoire, aucune carte n'est une imitation de ce qu'elle représente ; c'est une construction dans laquelle nous avons le choix des éléments primitifs et des modes de construction, un choix sous contrainte de clarté, de rigueur, de simplicité, de consistance et d'efficacité pour la compréhension de ce qui nous apparaît, et de rien d'autre.

Renonçons à un système fait de substances et de leurs propriétés ; choisissons comme éléments primitifs des *qualia* formant des *concreta* ; introduisons aussi dans le système une logique permettant de comprendre comment les premiers forment les seconds. Ce sera *une logique extensionnelle des touts et des parties*. Elle aura en effet l'avantage fondamental d'éviter ce qui paraît à Goodman être un défaut rédhibitoire de la théorie des ensembles (ou des classes). Cette théorie admet en nombre infini des entités distinctes – des ensembles d'ensembles d'ensembles d'ensembles… – toutes composées des mêmes éléments de base. Soit les éléments (ou individus) a et b. La classe qui les contient est $\{a, b\}$. Si $\{a, b\}$ est lui-même un objet, ou un élément, il peut appartenir à une autre classe, comme $\{a, \{a, b\}\}$. Or, cette autre classe (ou ensemble) a le même nombre d'éléments que $\{a, b\}$, c'est-à-dire deux. Dans la mesure où les membres des deux classes sont différents, les classes sont différentes, même si elles sont produites (ou générées) à partir des mêmes individus (ou éléments). Remarquons en plus que nous pourrions avoir une classe vide (sans éléments : $\{\}$ ou $\varnothing$). Nous pourrions aussi former une classe contenant l'ensemble vide : $\{\varnothing\}$. Elle serait distincte de l'ensemble vide, puisqu'elle a un membre, l'ensemble vide, alors que l'ensemble vide n'en a pas. Et nous pourrions continuer ainsi indéfiniment avec de nouveaux éléments comme $\{\{\varnothing\}\}$ ou comme $\{\{\varnothing\}, \varnothing\}$. Pour Goodman, une telle multiplication d'entités est *inintelligible* (PP 173).

Dans la méréologie utilisée par Goodman, à partir de 3 éléments a, b et c, on ne peut en produire que 7 : les trois éléments individuels a, b, c, et chaque paire de ces éléments pris ensemble $((a, b), (a, c), (b, c))$ et tous les trois pris ensemble (a, b, c). Soit n le nombre d'éléments de départ, on ne peut produire jamais plus que $2^n - 1$ éléments (ou individus). Méréologiquement, un nombre fini d'individus ne donne jamais naissance qu'à un nombre fini d'individus. Le nominalisme de Goodman dit ainsi être caractérisé comme le rejet de la multiplication indue des entités, c'est-à-dire le refus d'une ontologie des classes.

Supposons, par exemple, qu'un nominaliste et un platoniste partent des mêmes éléments minimaux atomiques pour leurs systèmes ; et pour de simples raisons de comparaison, considérons que ce nombre d'atomes est de 5. Le nominaliste admet aussi les touts ou les sommes d'individus qui comprennent ces atomes, et donc il a un univers de $2^5 - 1$, soit 31 entités. Il ne peut pas en avoir plus ; car la sommation de quelques individus parmi ces 31 donne toujours un individu parmi ceux-là. Notre platoniste, on peut le supposer, n'admet aucune somme d'atomes, mais il admet toutes les classes qui les comprennent. Si l'on ne tient pas compte de la classe nulle et des classes d'unités, cela lui donne aussi 31 entités. Mais il admet en plus toutes les classes de classes d'atomes. Et il n'a pas de raison de s'arrêter en chemin. Il admet aussi les classes de classes de classes d'atomes, et ainsi à l'infini, jusqu'à promouvoir un univers en expansion explosive vers un Ciel platonicien grouillant prodigieusement d'entités. (PP 158-159)

Extensionnalisme et nominalisme

Mais comment parvenir à une reconstruction logique des apparences sans les dépenses ontologiques qu'une logique ordinaire n'empêche pas, voire encourage? La solution proposée par Goodman est une *méréologie extensionnaliste*. Méréologie veut dire très exactement logique des parties et des touts. Extensionnaliste signifie que si deux classes ont les mêmes éléments, elles sont identiques. Dans un système extensionnaliste, il n'y a de références qu'à des individus ou des éléments, et non pas à des intensions, qu'il s'agisse de pensées, de croyances, de désirs ou d'autres attitudes intentionnelles. Si nous avons quatre individus a, b, c, d, et que nous avons deux classes, K et L, dont l'une contient deux paires a, c et b, d, et l'autre les paires a, b et c, d, le super-extensionnalisme de Goodman conduira à refuser que K et L soient, du seul fait de leur contenu, deux entités supplémentaires.

> S'il n'existe rien de tel que deux entités distinctes quelconques ayant le même contenu, alors une classe (par exemple celle des comtés de l'Utah) ne diffère ni de l'individu singulier (l'Utah comme État entier) qui contient exactement ses membres, ni de n'importe quelle autre classe (par exemple celle des acres de l'Utah) dont les membres épuisent exactement ce même tout. Le platonicien peut distinguer ces entités en s'aventurant dans une nouvelle dimension de la Forme Pure, mais le nominaliste ne reconnaît aucune distinction d'entités sans distinction de contenu. (SA 50)

Quelle est l'attitude refusée? Exactement celle que recommande un phénoménologue. Il affirmera que le contenu d'une pensée est un objet supplémentaire, dotée d'une « inexistence intentionnelle » – comme le suggérait Franz Brentano, et comme le développeront, chacun à sa façon,

Twardowski et Husserl – en plus de l'objet empirique considéré. Un objet in-existe même s'il n'y a aucun objet empirique, comme lorsque nous pensons à la montagne d'or ou au cercle carré. Les objets intentionnels (et les entités intensionnelles) n'ont, à suivre Goodman, aucune condition d'identité. Nous ne savons jamais quand deux entités inten-sionnelles sont identiques, pense Goodman, avant que Quine le redise dans son fameux « De ce qui est » (repris dans *Du point de vue logique*, Vrin, 2004). Après tout, qu'est-ce qui permet de faire la différence entre le Père Noël et le Lapin de Pâques ? Les deux expressions ont la même extension : elle est nulle. Si nous disons que nous les différencions par ce que veulent dire les deux expressions, nous prétendons qu'il y a bien deux choses là où finalement il n'y en a aucune. Dans un article dont la lecture s'avère tout à fait indispensable à une bonne compréhension de son projet, « A World of Individuals » (PP), Goodman affirme :

> L'extensionnalisme exclut la composition, par appartenance, de plus d'une entité à partir d'exactement les mêmes entités ; le nominalisme va plus loin, en excluant la composition de plus d'une entité à partir des mêmes entités par des chaines d'appartenance. Pour l'extensionnaliste, deux entités sont identiques si leur division aboutit aux mêmes membres ; pour le nominaliste deux entités sont identiques si, quelle que soit la façon dont on les divise, on aboutit aux mêmes entités. La restriction extensionnaliste au sujet de la génération des entités est un cas particulier de la restriction nominaliste plus forte. (PP 159)

Mais demanderont certains, pourquoi donc s'obliger dans un système constructionnel à de telles contorsions intel-lectuelles et techniques, seulement afin d'éviter d'affirmer l'existence de multiples types d'entités ? Quine a parlé au sujet du nominalisme d'un goût pour les paysages désertiques. On pourrait dire aussi que le nominalisme est à la métaphysique ce que l'anorexie est à la nourriture. Plus positivement, le nominaliste introduit une distinction nette entre la théorie de la signification et la théorie de la référence, et il accorde une préférence explicative à la seconde sur la première. Comprendre quelque chose, c'est comprendre la relation entre un signe et ce à quoi il réfère. En laissant des significations devenir des objets, nous opacifions la relation entre les mots (ou les symboles en général) et les choses réelles. Nous prenons des mots ou des significations des mots pour des choses… Dans la mesure où Goodman s'est rendu célèbre pour ses thèses irréalistes dans *Manières de faire des mondes*, selon lesquelles nous construisons des versions-mondes, et avec sa critique de l'obsession épistémologique de la vérité, on peut être conduit à oublier combien il maintient une conception strictement référentielle *et non intensionnelle* de la relation entre le langage et la réalité, tout en ayant abandonné une conception iconique du langage comme tableau fidèle de la réalité toute faite. L'extensionnalisme revient à donner plus de poids à la vérité qu'à la signification, à la réalité qu'à la pensée, au monde qu'à l'idée que nous nous en faisons. Que nous construisions des mondes ne voudra jamais dire que nous jouons avec les mots, *ad libitum.* Rien ne serait plus trompeur que de comprendre ainsi Goodman. *Il ne dit nullement et jamais qu'il n'y a que des significations linguistiques ou symboliques, et rien d'autre, car son nominalisme revient à affirmer tout le contraire!*

Méréologie

La méréologie utilisée dans *La Structure de l'apparence* a les caractéristiques générales suivantes. Un individu (ou un élément) sera distinct d'un autre s'ils n'ont aucune partie commune. Une chose x est une partie d'une autre y si toute chose distincte de y est aussi distinct de x. Notons que les parties et les parties communes n'ont pas à être spatiales, elles peuvent être temporelles ou être des couleurs. La relation de partie à tout est transitive, réflexive et non symétrique. Les parties propres sont celles qui sont plus petites que le tout. À la différence de la relation de partie à tout, celle de partie propre est asymétrique, irréflexive et non transitive. Deux choses se recouvrent si elles ont une partie en commun – ce qui revient au rejet de la distinction primitive. À partir de là, il est possible de définir la notion de recouvrement (quand deux choses ont une partie en commun), de fusion (relation de classe entre des individus distincts), de *nucleus* (quand un individu est une partie commune de tous les membres d'une classe, et que la classe n'a pas plus d'un nucleus). Il y a de nombreux détails techniques, comme dans certains textes de Leibniz ou de Russell, qu'il n'est pas indispensable d'exposer ici à celui qui veut simplement saisir le projet de Goodman – même s'il reste indispensable de regarder attentivement comment cela marche, c'est-à-dire comment Goodman parvient à reconstruire dans cette méréologie ce que nous tenons généralement pour des choses qui ne sont appréhendables qu'en termes de significations, d'intentions, d'intensions, de vouloir dire, etc.

Par exemple, comment parler du temps (Voir *SA*, chap. IX)? Et ce sans en faire un vécu, ce qui certes donnerait une signification profonde à notre discours, nous ferait expliquer le peu clair par l'obscur, comme lorsqu'on passe du temps à la durée (ou à la « pure durée »), comme dit Bergson, l'ennemi philosophique de Goodman. La formule d'Augustin est bien connue : « Qu'est-ce donc que le temps ? Si personne ne me le demande, je le sais ; mais que je veuille l'expliquer à la demande, je ne le sais pas ! ». Goodman répondrait sans doute qu'on a moins besoin d'une explication, surtout si elle prétend prendre la forme d'une introspection (« Rentrez en vous-mêmes », propose Bergson, sans dire comment on parvient à un tel exploit) que d'une analyse et d'une reconstruction. Pour lui, le temps sera une catégorie de *qualia*. Un *quale* temporel est un moment phénoménal qui n'en a aucun autre comme partie. Comme il le dit, « nous ne pouvons pas littéralement détacher un *quale* ou un concret, ou tout autre partie, du reste de l'expérience ; mais nous pouvons analyser le flux des phénomènes au moyen d'éléments de l'un de ces genres pour en faire une description systématique » (SA 312). Tout concret a une occurrence à un moment. Mais la catégorie du temps se distingue des autres catégories en ce qu'elle occupe tous les *concreta*. On peut alors écrire :

$$Tx =_{df} Qu\, x.\, x < (iy)\{Cg\, y.\, (x)\, (Ct\, z\, (y\, o\, z)\}$$

Soit : *x* est un moment si et seulement si *x* est un *quale* et *x* est contenu dans cet *y* tel que *y* est une catégorie et, pour tout *z*, si *z* est un concret, alors il y a une partie commune avec *z*. Ce qui ne suppose nullement de s'engager ontologiquement sur la nature de la temporalité ; et ce qui nous éloigne certes d'une tranche de vécu ! Un phénomène concret n'est pas dans le temps, mais il contient un moment. Sa durée dépend du nombre de moments qu'il comprend. La durée suppose donc qu'un *quale* soit sa partie, que ce *quale* soit un moment et que les *qualia*-moments qualifient cette chose. Chaque *quale* est éternel. Non pas qu'il apparaisse à tous les moments (ce qui reviendrait à perdurer), ni qu'il ne finisse jamais (ce qui reviendrait à la sempiternalité), mais parce que chaque moment est distinct de tout autre et n'en contient aucun. On peut ainsi écrire :

$$x \, est \, éternel = \text{df} \, (y) \, (Ty \supset x \rceil y)$$

C'est-à-dire que l'éternité de x consiste dans sa distinction à l'égard de tout autre moment. L'éternité d'un individu ne l'empêche nullement d'apparaître en un certain moment et non à un autre. Goodman dit ainsi malicieusement : « seul ce qui est éternel est conjoint à un temps. Les théologiens ont peut-être négligé quelque chose ici » (SA 314). Mais c'est peut-être justement ce que certains théologiens ont dit !

Dans un article sur *La Construction logique du monde* de Carnap, Goodman dit que « l'Aufbau ne peut pas être relégué au statut de monument n'ayant qu'un intérêt purement historique. Ses leçons n'ont pas encore été assez complètement comprises » (PP 23). Il serait possible d'en dire autant à propos de *La Structure de l'apparence*. La notion d'expérience, et l'idée d'un monde de l'expérience dont la philosophie aurait à rendre compte, restent dominantes dans la philosophie contemporaine, sous les deux formes de la phénoménologie et de la philosophie cognitiviste. Pour Goodman, « la fonction d'un système constructionnel n'est pas de recréer l'expérience, mais d'en dresser la carte (*to map it*) » (PP 15). Une carte est schématique, sélective, conventionnelle, condensée et uniforme, mais elle nous permet de comprendre. Le système constructionnel ne nous fait passer de la riche expérience vécue à une conceptualisation pauvre et desséchée. Elle nous fait passer d'une description pré-systématique à une autre, mieux déterminée, plus précise et satisfaisant certains besoins de compréhension. Goodman précise aussi, et le lecteur pourrait être ainsi rassuré, que « =df dans un système constructionnel ne doit pas être lu comme "n'est rien d'autre que", mais plutôt, d'une certaine façon, comme "est ici pour être figuré comme" (*is here to be mapped as*) » (PP 18).

Possibilité

Le recueil d'articles intitulé *Faits, fictions et prédictions* paraît en 1954 (et connaîtra ensuite quatre éditions). Il est divisé en deux parties comprenant pour l'une un seul article consacré aux contrefactuels : des énoncés en « si…, alors… » dont l'antécédent (la proposition après *si*) est faux. Or, chacun le sait, un conditionnel matériel (la formule du calcul des propositions : $p \rightarrow q$) est vrai si l'antécédent p est faux (que q soit vrai ou faux). Dès lors, les conditionnels contrefactuels :

1) Si l'allumette avait été frottée, elle se serait enflammée
2) Si l'allumette avait été frottée, elle ne se serait pas enflammée

sont vrais *l'un et l'autre*. Goodman se propose d'examiner « les circonstances qui feront qu'un certain contrefactuel est acceptable alors que le conditionnel opposé avec son conséquent contradictoire ne l'est pas » (FFP 30). Ce problème conduit à poser des questions cruciales au sujet des lois, de la confirmation et de la potentialité. Ce qui revient, pour Goodman, à nous interroger sur la modalité du possible.

La question des conditionnels contrefactuels a beaucoup agité les philosophes des sciences à partir des années cinquante du siècle dernier. L'article intitulé « Le problème des conditionnels contrefactuels » n'y est pas pour rien. Il a cependant avant tout un résultat négatif. Goodman montre que le problème n'admet pas de solution manifeste, ce que tous ceux qui l'étudiaient sérieusement auraient accepté ; mais surtout que ce problème n'a rien de prometteur philosophiquement. Ce qui finalement devrait conduire à nous dispenser de certaines théories des dispositions et du possible. Mais tous n'ont pas fait abstinence à ce sujet, loin de là. Comme souvent en philosophie analytique, et en général, montrer qu'il vaudrait mieux ne pas se lancer dans une voie fait que beaucoup s'y précipitent.

Se dispenser des *dispositions*? Mais de quoi s'agit-il? Goodman examine la question des contrefactuels comme un cas particulier, mais crucial, d'une question concernant tous les prédicats se terminant en «ible» ou en «able», et aussi d'un problème posé par des prédicats objectifs comme «est rouge». Ces prédicats sont supposés correspondre à certaines propriétés *dispositionnelles* des choses. C'est donc bien la question de la *possibilité* qui intéresse Goodman, car une disposition c'est apparemment pour quelque chose ce qu'il est possible d'être ou de faire. Finalement, un contrefactuel prétend dire ce qui, sous certaines conditions, se produirait ou ne se produirait pas, en fonction d'une disposition que possèderait une chose, ou d'une propension qu'elle aurait. Goodman entend montrer que cette notion de disposition est terriblement (et irrémédiablement) confuse. Ce qui conduit au deuxième article de *Faits, fictions et prédictions*, celui sur «Le trépas du possible». «Quelques-unes des choses qui me semblent inacceptables sans explication ont pour nom pouvoirs ou dispositions, assertions contrefactuelles, entités ou expériences possibles mais non réalisées, neutrinos, anges, démons et classes» (FFP 54), dit ainsi Goodman.

Arrêtons nous un instant sur le contenu de cette curieuse liste de choses «inacceptables sans explication». On voit qu'elles ont toutes en commun d'avoir un statut ontologique jugé nébuleux par Goodman. Parce qu'elles apparaissent dans notre description de la réalité, nous sommes tentés de dire qu'elles existent, malgré l'absence de toute clarté au sujet de leur *identité*. Les classes, Goodman leur a fait un sort dans *La Structure de l'apparence*. Il a cherché à montrer qu'on peut fort bien s'en passer s'il faut décrire la façon dont les choses nous apparaissent. Le sort des choses possibles, des potentialités, des dispositions ne sera pas différent. Remarquons que les neutrinos et les anges (ou les démons) sont placés dans le même sac (de l'aspirateur philosophique à entités inutiles). L'existence du neutrino est postulée pour la première fois par Wolfgang Pauli, pour expliquer le spectre continu de la désintégration bêta, ainsi que l'apparente non conservation du moment cinétique. Les anges apparaissent dans des théories bien sûr d'un tout autre genre. Mais pour Goodman, philosophie, science, théologie, à cet égard c'est du pareil au même : des entités possibles, au statut ontologique incertain, viennent peupler ces discours. Or, Goodman a ainsi entrepris un examen des « notions suspectes ». Et il s'y tient.

Si on lit aujourd'hui le texte de 1953 sur « Le trépas du possible », on peut avoir le sentiment que les interrogations de Goodman sur les contrefactuels, les dispositions et les entités possibles sont restées lettre morte. L'exceptionnel développement de la sémantique et de la métaphysique des possibles aux États-Unis dans les années soixante montre, s'il le fallait encore, que nul n'est prophète en son pays. La parution, en 1986, du livre de David Lewis, *De la pluralité des mondes* (trad. fr. Éditions de l'éclat, 2007), dans lequel il défend un réalisme modal, autrement dit la réalité des possibles, sans rien ignorer bien sûr de la critique goodmanienne, en témoigne.

Un philosophe des modalités peut être tenté de nous expliquer qu'il y a autant de mondes que de façons possibles d'être pour ce monde ; et que dans ces mondes il y a toutes les entités concrètes qui sont dans le monde dans lequel nous sommes (si nous sommes bien tous dans le même), mais sans aucune connexion causale avec lui. Quand nous disons, dans notre monde, que quelque chose est possible, nous parlons de ce qui arrive dans l'un des mondes où nous ne sommes pas. Certains de ces mondes sont plus proches du nôtre, non pas spatialement, mais au sens où ils ressemblent plus au nôtre, alors que certains sont à cet égard plus éloignés. Si dans tous les mondes les plus proches l'allumette que nous n'avons pas frottée s'allume quand elle est frottée dans des conditions favorables, alors l'allumette dans le monde où nous sommes est inflammable, même si elle ne s'enflamme pas pour autant. Mais Goodman nous propose de quitter ce Disneyland philosophique des mondes possibles (MM 16)! Que l'allumette$_2$ non frottée actuellement ne s'enflamme pas, mais pourrait le faire, cela tient au fait qu'une allumette$_1$ s'est déjà enflammée et que l'allumette$_2$ possède la même constitution physico-chimique que l'allumette$_1$. Ce dont nous avons besoin alors, c'est d'une théorie de la projection et non d'une sémantique des mondes possibles : comment avec des prédicats manifestes pouvons-nous produire les possibilités dont nous avons besoin pour comprendre le monde qui nous entoure? « Ce que nous prenons pour des mondes possibles ne sont que des descriptions également vraies, énoncées en d'autres termes » (FFF 74), dit Goodman.

C'est la suite directe de l'extensionnalisme et du nominalisme de *La Structure de l'apparence*. Nul besoin, dans notre reconstruction des contrefactuels, des dispositions et des possibles, d'affirmer l'existence d'entités au statut onto-logique aussi obscur que des mondes possibles. Il nous suffit de savoir comment nous pouvons projeter un prédicat qui s'applique déjà à un ensemble donné de cas à un ensemble plus large (et futur). Nous retrouvons « l'un des amis et l'un des

ennemis les plus anciens du philosophe : le problème de
l'induction » (FFF 75). Goodman l'examine dans son article le
plus célèbre, qui a fait couler une impressionnante quantité
d'encre : « La nouvelle énigme de l'induction ». S'il fallait ne
retenir qu'un seul article dans toute la philosophie de la
deuxième moitié du XXe siècle, ne serait-ce pas celui-là ?

Espèces artificielles

L'induction la plus élémentaire est de la forme :

$$[IF] \{D\} Fx_1, Fx_2, ..., Fx_n; Fx_n + 1 \ [ou \ (x) Fx]$$

L'inférence inductive [IF] suppose la projectibilité sur un
domaine d'objets D du prédicat F, exprimant une propriété
quelconque. La notion de domaine d'objets permet d'éviter le
paradoxe des corbeaux. Il est clair que l'équivalence entre :

$$[A] (x) (Cx \rightarrow Nx)$$

et

$$[B] (x) (\neg Nx \rightarrow \neg Cx)$$

conduirait à justifier la noirceur (N) des corbeaux (C) par
la blancheur de n'importe quelle chose qui étant non noire
serait un non corbeau. Tout ce qui confirme inductivement la
formule [B] confirme aussi la formule [A]. Cependant, la
spécification d'un domaine d'objets, celui des corbeaux,
en l'occurrence, élimine cette difficulté, sans pour autant
conduire à contester l'équivalence extensionnelle de [A] et de
[B], ou l'extensionnalité de l'inférence inductive.

Quine disait :

> Seul un corbeau noir peut confirmer « tous les corbeaux
> sont noirs », les complémentaires [*i.e.* les prédicats *non
> corbeau* et *non noir*] n'étant pas projectibles. (« Espèces

naturelles », dans *Relativité de l'ontologie et autres essais*, trad. fr. Aubier, 197, p. 132).

Comme le dit Goodman :

> Il suffit d'observer que l'hypothèse n'est véritablement confirmée que par un énoncé qui constitue l'un de ses exemples, dans le sens très précis qu'il implique non l'hypothèse elle-même, mais une version de l'hypothèse relativisée ou restreinte à la classe d'entités mentionnées par cet énoncé. (FFP 84).

Quine pour sa part en tire la conclusion :

> Un prédicat projectible est un prédicat qui est vrai d'exactement toutes les choses d'une espèce («Espèces naturelles », p. 133).

Mais pour Goodman, il subsiste d'autres difficultés nous empêchant de supposer la pertinence de la notion d'espèce naturelle, et de proposer une conclusion à la Quine. Ces difficultés concernent la notion de similarité. Goodman l'a toujours considérée comme piégée. Son article « Seven Strictures on Similarity » (PP) est un réquisitoire contre tout usage qu'on peut prétendre en faire en philosophie. Goodman affirme ainsi : « La similarité, toujours prête à résoudre des problèmes philosophiques, est une simulatrice, un imposteur, un charlatan » (PP 437). Cette notion trompeuse se cache derrière l'idée d'une catégorie naturelle de choses, et prétend fonder notre croyance en l'existence d'espèces naturelles. Soit sous la forme réaliste inspirée de Platon : des universaux non sensibles dont les choses sensibles sont des copies. Soit sous la forme du réalisme modéré, comme chez Aristote : des essences non séparées des choses sensibles. Or, Goodman ne considère pas du tout que la relativisation (ou la restriction) à la classe d'entités mentionnées par une hypothèse inductive puisse jamais autoriser le réalisme, robuste ou modéré. Quine non plus. Mais il est tenté par l'idée que la sélection naturelle darwinienne est une explication plausible du rôle que peut jouer une notion innée de similarité dans la survie d'animaux comme les humains. C'est la tentation d'une épistémologie *naturalisée* (Quine, 1977). Bien des philosophes analytiques y ont succombé. Ils ont échangé l'obscure métaphysique contre ce qu'ils croyaient être la claire science. La notion d'espèce serait « une partie de notre patrimoine animal » (Quine, 1977, p. 141). Mais pour Goodman, c'est un marché de dupes !

Comme Goodman était sceptique sur le projet d'une sémantique des mondes possibles avant même qu'on la développe, il était sceptique au sujet de la naturalisation de l'épistémologie avant même que des philosophes s'y jettent à concepts perdus. Pourquoi Goodman considère-t-il que ni le réalisme ni l'évolutionnisme quinéen n'est impliqué par la réussite de nos inductions qui pourtant respectent la condition de relativisation à un espèce donnée ? La raison, c'est « vleu » (*grue*), cet étrange prédicat que Goodman forge dans « La nouvelle énigme de l'induction », en s'inspirant du terme « gruebleen » que James Joyce utilise dans *Finnegan's Wake*.

« Vleu » caractérise ce qui a été examiné avant t (une date dans le futur, *ad libitum*) et qui est vert, ou qui n'a pas été examiné avant t et qui est bleu. « Votre joli pull vert, Mademoiselle, il est vleu. » Cela a l'air d'une plaisanterie. — Qui utilise « vleu » ? Personne, sauf justement pour expliquer ce qu'il signifie. — Pourrait-on l'utiliser ? Oui, on vient de le faire. — Pourquoi ne l'utilise-t-on pas ? Ah, c'est une meilleure question. Parce qu'il n'est pas implanté, qu'il n'y a pas d'histoire de son utilisation. — Quoi, c'est tout ? Oui, c'est tout, puisque « vleu » est là qui guette, et qui peut nous servir aussi. « Vert » ne correspond pas mieux à ce qui est, cela correspond mieux à... notre usage de « vert ». C'est donc en termes de projectibilité que nous pouvons justifier l'usage d'un prédicat, par exemple le vert d'une émeraude. Elle-même est menacée par les « émerubis » caractérisant ce qu'on examine avant *t* et qui se trouve être une émeraude ou qui n'a pas été examiné avant t et est un rubis.

En quoi consiste alors la projectibilité d'une hypothèse inductive ?

1) L'hypothèse (*x*) F*x* doit être supportée : il doit exister des cas de choses appartenant au domaine D qui sont F.

2) L'hypothèse (*x*) F*x* doit être inviolée : il ne doit pas exister de cas de choses appartenant au domaine D et qui ne soient pas F.

3) L'hypothèse (*x*) F*x* ne doit pas être exhaustivement parcourue : il doit y avoir des cas indéterminés, passés, actuels ou futurs, de choses appartenant au domaine D pour lesquelles on ne peut dire, à moins de présupposer [IF], si elles sont F ou pas.

4) Le prédicat dans l'hypothèse doit être implanté ; autrement dit, il doit avoir été déjà utilisé et bénéficier ainsi de la fréquence de projections déjà effectuées.

(1), (2) et (3) sont des conditions sans connotation métaphysique, strictement techniques. Elles définissent l'induction comme projection d'un prédicat applicable, sans contre-exemple dans l'application, et dans le cas d'une induction qui n'est pas complète. Mais (4) a une *conséquence anti-métaphysique* : la projectibilité d'un prédicat correspond exclusivement à une pratique linguistique. Contrairement à ce que suggèrent Hume ou Quine, la projectibilité ne relèverait pas « d'un aspect inévitable ou immuable de la nature de la connaissance humaine » (MM 106). La nouvelle énigme de l'induction ne consiste pas à dépasser Hume, qui finalement n'est pas suffisamment radical, parce qu'il est naturaliste, comme Quine. Tous les deux croient qu'il y a des causes psychologiques de nos inductions. La nouvelle énigme de l'induction nous fait revenir à Locke, à son impitoyable critique du substantialisme.

Goodman ne cherche pas à trouver une solution à sa propre énigme. C'est en essayant de trouver une solution à ce genre de difficultés que, pour lui, les philosophes sont conduits à ne pas voir ce qui importe et à dire… n'importe quoi. C'est dans l'activité cognitive, ou ce qu'on peut appeler, pompeusement, le faire et refaire des mondes, que tout se passe. Non pas dans la découverte par des philosophes des articulations métaphysiques de la réalité ou de la vraie science, psychologique ou biologique, de nos classifications. Le problème de Goodman n'est pas de trouver une solution à l'énigme de vleu. Il s'agit de reconnaître l'importance de l'activité de catégorisation elle-même. Elle est toujours reclassement, et non pas découverte d'un classement donné fondé sur la réalité elle-même ou sur la nature de nos modes de représentation.

Nous possédons et utilisons une multiplicité de vocabulaires et de systèmes de catégories. Ce sont autant de manières de représenter ou de décrire. Mais rien ne favorise une caractérisation plus fidèle des choses plutôt qu'une autre. Comment caractériser une telle thèse ? S'agit-il de *pragmatisme* ? Il est vrai que Goodman rejette l'idée même de justification fondationnelle, qui semble caractériser l'épistémologie moderne. Pour lui, les contraintes pesant sur la projectibilité des prédicats sont certes liées à la consistance de nos usages et à nos intérêts. Pourquoi alors revendique-t-il l'étiquette de « pragmatiste » ? Parce qu'elle est floue, sans doute, et que le pragmatisme de Goodman, s'il existe, est d'une texture toute particulière. Il porte sur l'ajustement de ce que nous croyons avec un contexte, un discours, des systèmes symboliques à l'œuvre dans le classement et le reclassement de choses qui ne sont pas données mais faites par l'activité cognitive elle-même.

On a quelquefois fait de l'énigme de Goodman une petite astuce embarrassante de logicien. Et l'on a cherché à réfuter Goodman par d'autres astuces. Or, la présentation logique de l'énigme a seulement pour fonction principale de rendre le problème clair et précis; elle n'est pas une fin en soi. C'est donc bien de métaphysique dont il s'agit : d'un problème central au sujet de la relation entre ce que nous disons du monde et comment il est. Ian Hacking a peut-être le mieux expliqué le fin mot de l'énigme :

> Les contraintes qui déterminent quelles espèces sont pertinentes ne semblent pas internes au raisonnement inductif. Ainsi, elles ne sont pas susceptibles d'un énoncé formel dans la logique inductive ou les fondements de l'inférence statistique. (Hacking, 1993, p. 25)

Dès lors, « l'induction n'est rien de plus qu'une façon croustillante de proposer une difficulté générale » (1993, p. 106). C'est « qu'il n'y a rien de particulier aux classifications que nous utilisons, si ce n'est que nous les utilisons » (1993, p. 9). Ce qui caractérise « le plus pur nominalisme », comme dirait Ian Hacking (1993).

Certaines espèces sont pertinentes, celles qui sont implantées, au sens où elles satisfont nos besoins de classification. Mais elles n'ont rien de naturel, au sens où elles témoigneraient de quelque chose d'indépendant de nos usages classificatoires. Hacking a examiné des théories qui vont plus loin. Une théorie ethnographique dirait que nous sommes incapables de projeter un prédicat comme « vleu » ; aucun être humain ne le fait, nulle part. Une théorie cognitive dirait que cette incapacité est sans doute neurologique. Une théorie traductionnelle ferait remarquer qu'une langue contenant des prédicats comme « vleu » ne pourrait pas être traduite en français (en anglais, ou dans une langue vernaculaire quelconque). Une théorie transcendantale dirait que « la question de savoir si "vleu" est projectible présuppose des croyances au sujet de la nature et de ses lois, croyances incompatibles avec la projection de "vleu" » (Hacking, 1993, p. 101). Le lecteur ajoutera la théorie qu'il préfère. Toutes prétendent justifier l'implantation des prédicats que nous utilisons. Mais Goodman entend montrer que classification et généralisation vont de pair, et qu'il n'y a donc rien sur quoi nos classifications sont fondées préalablement à l'activité classificatoire elle-même : pas de *fait* ethnographique, pas de *fait* neurologique et pas d'argument transcendantal qui tienne. Et cela parce que l'extension ne précède pas la tentative inductive de généralisation. Ainsi, la réussite des classifications est celle des généralisations. Ce qui n'a rien à voir avec une justification indépendante de l'activité de généraliser elle-même.

Dès lors, toute tentative de justifier l'impossibilité de projeter vleu qui prétendrait trouver quelque chose d'extérieur à la projection de vert, plutôt que de vleu, est vouée à l'échec. « Vleu » n'est pas une rodomontade postmoderne consistant à dire que nous inventons les concepts. Mais la nouvelle énigme de l'induction est précise et rigoureuse, et dès lors, dans le genre subversif, c'est bien plus efficace !

Langages de l'art

Le tournant épistémologique en esthétique (1)

«Dans l'expérience esthétique, *les émotions fonctionnent cognitivement*» (LA 290), dit Goodman. Il précise également que «dans l'expérience esthétique l'émotion est un moyen de discerner quelles propriétés une œuvre possède et exprime» (LA 291). Commencer sa lecture de *Langages de l'art* par le dernier chapitre (plus précisément, à partir de la section 3, p. 283) serait de bonne méthode; car Goodman y présente finalement l'ambition qui prévaut dans les chapitres précédents. L'opposition prétendue entre logique et esthétique – entre ce qui relèverait du cognitif et ce qui serait affectif – est un obstacle à la compréhension de l'art, de sa nature et de sa fonction. Un autre obstacle est l'excès d'attention accordée par les philosophes à la question du «mérite esthétique» (voir LA VI-6), aussi bien des œuvres d'art que des choses naturelles. Le problème de l'objectivité ou de la subjectivité de la beauté, celui donc du jugement esthétique, a presque été identifié à la question esthétique toute entière. Mais, pour Goodman, cette «polarisation excessive sur la question de l'excellence […] a été responsable […] d'un rétrécissement et d'une distorsion de la recherche esthétique» (LA 304). Affirmer qu'une œuvre est belle ou excellente ne dit rien sur la façon dont elle fonctionne; sur le rôle joué par cette œuvre dans notre compréhension de la réalité; sur ce qu'elle signifie, modifie, détermine. «Concevoir l'expérience esthétique comme une forme de compréhension aboutit à la fois à résoudre et à dévaluer la question de la valeur esthétique» (LA 305), dit Goodman.

La notion goodmanienne d'expérience esthétique est à préciser. Le terme «expérience» n'a pas pour Goodman de connotation phénoménale. Il ne parle pas d'une certaine sorte de vécu au contact des belles choses de la nature ou des œuvres d'art, d'une attitude esthétique possédant une phénoménologie particulière. À défaut de le comprendre, on ferait un sérieux contresens sur *Langages de l'art*. Car, avec la focalisation sur le jugement esthétique, le présupposé que toute conception de l'expérience esthétique est *phénoménale* est le second obstacle à l'intelligence de la philosophie de l'art de Goodman. Il est vrai que dans la lignée de la philosophie britannique (Hutcheson en particulier), de la critique kantienne de la faculté de juger esthétique, de la phénoménologie ou même de la théorie critique (Adorno), l'esthétique a été identifiée à la description d'une *attitude mentale spécifique*. «Esthétique» désignerait un type d'état mental. Le philosophe aurait à en indiquer la nature, par une analyse introspective, principalement. Cette attitude mentale spécifique aurait la particularité d'être désintéressée (Hutcheson), d'assurer le libre jeu des facultés de connaître (Kant), de nous faire accéder esthétiquement à certaines vérités (romantisme allemand). Mais, pour Goodman, l'expérience esthétique n'a pas de caractère phénoménal identifiable; il n'y a dès lors pas une expérience *spécifiquement* esthétique. En revanche, selon Goodman, «l'expérience esthétique tout comme l'expérience scientifique a fondamentalement un caractère cognitif» (LA 287).

Ce lien entre esthétique et connaissance doit dès lors nous dissuader d'exagérer l'importance des émotions en esthétique. L'inflation du sentiment, de l'affectif et de l'émotionnel est en effet un troisième obstacle – après la focalisation sur le jugement esthétique et le présupposé phénoménologique – à la compréhension de ce que Goodman entend proposer dans *Langages de l'art*. Après tout, beaucoup d'œuvres n'appellent

pas tant une réaction émotionnelle qu'une forme de compréhension, parfois guère plus affective que celle d'un manuel de
physique ou à d'une notice de montage d'un porte-manteau,
quoi qu'on en dise. Qu'une œuvre soit triste, on le verra, ne
signifie généralement ni que son l'auteur l'était ni qu'il faut
l'être pour comprendre qu'elle le soit. Finalement, Goodman
rejette le *psychologisme*, selon lequel l'esthétique examinerait
un mode de représentation ou de jugement (Kant), de vécu (les
phénoménologues), de sensibilité ou d'émotion (la plupart des
esthéticiens contemporains).

   « Esthétique » chez Goodman caractérise certains
symptômes du fonctionnement des symboles que sont les
œuvres d'art. L'expérience est esthétique quand, principalement, les symboles sont denses sémantiquement et syntaxiquement, qu'ils sont saturés et qu'ils sont expressifs.
En gros, cela veut dire qu'au lieu de simplement dénoter ce
dont ils tiennent lieu (représentent), les symboles attirent
l'attention sur eux-mêmes (expressivité), qu'ils ne sont pas
articulés (c'est-à-dire différenciables aisément parce que
séparables les uns des autres) et que leur signification n'est pas
aisément réductible à un contenu déterminé, non allusif et non
connotant. Ce qui distingue l'expérience esthétique et l'expérience scientifique, ce n'est donc pas un vécu spécifique, mais
la façon dont nous établissons des relations entre des entités
considérées comme des symboles et ce qu'ils veulent dire. Il
est de plus à noter que « des phases d'un composé incontesta-
blement esthétique peuvent être totalement non esthétiques »
(LA 298) Lire une partition, comprendre la relation entre
un roman et son contexte historique, saisir l'influence d'un
peintre sur un autre, cela n'a rien de particulièrement esthétique. De tels actes intellectuels sont du même ordre que lire un
texte formalisé en mathématiques, mettre en relation deux

événements dans le temps en chimie, comprendre une relation de causalité en physique. D'autre part, « des traits esthétiques peuvent prédominer dans la subtile discrimination qualitative et quantitative requise pour tester certaines hypothèses scientifiques » (LA 298). On a ainsi pu montrer que certaines démonstrations mathématiques ne sont pas sans inclure des caractéristiques esthétiques (Jullien, 2008). Et dans les sciences humaines, on a usé et abusé de l'idée que certains événements historiques ou certaines réalités sociales ont un caractère expressif, en prétendant dire, par exemple, ce que signifie le 11 septembre 2001. Il y a donc de l'esthétique dans des domaines qui ne sont pas considérés généralement comme artistiques, ou même esthétiques, et la vie esthétique comprend des aspects qui ne le sont nullement. L'idée d'une autonomie de l'esthétique doit dès lors être rejetée. L'esthétique est un secteur de l'épistémologie comme étude la plus générale de ce qu'est la compréhension.

Référence et fonctionnement esthétique des symboles

La théorie esthétique de Goodman propose un ensemble d'outils logiques et sémiotiques grâce auxquels les relations entre les œuvres d'art, compris comme des symboles ou des ensembles de symboles, c'est-à-dire des entités qui tiennent lieu de quelque chose (LA 27), fonctionnent – ou plus exactement comment nous les faisons ainsi fonctionner. Goodman précise que « Langages » dans le titre du livre est remplaçable par « systèmes symboliques » (LA 28). Goodman a montré que nous pouvons reconstruire les apparences dans différents systèmes constructionnels, ce qui était l'objet de *La Structure de l'apparence*; de même, il montre dans *Langages de l'art* l'intérêt de reconstruire l'expérience esthétique en termes de relations de dénotation, d'exemplification, d'expression littérale et métaphorique.

Supposons que nous disions qu'un tableau est triste (voir LA II-9). Comment *reconstruire* dans un système philosophique cette attribution d'une propriété comme la tristesse à une chose qui n'est jamais *littéralement* triste? C'est au tableau que la propriété est attribuée; ni à son spectateur (qui peut constater qu'un tableau est triste sans l'être lui-même), ni à son auteur (dont la sincérité émotionnelle n'est nullement en question et dont la tristesse éventuelle n'est une condition ni nécessaire ni suffisante de la tristesse de son œuvre). Est-ce une interprétation de l'œuvre? Ce dont nous aurions besoin, c'est d'une théorie herméneutique montrant comment nous passons de ce qui est empiriquement donné au *sens profond* d'une œuvre picturale, musicale, littéraire; un sens profond dont l'auteur n'était pas lui-même nécessairement conscient. Mais Goodman ne s'oriente pas vers cette conception herméneutique. Elle conduirait à ce qu'il a contesté dans ses travaux précédents : l'existence de significations (ou, comme on dit, « du sens »), cachées dans les œuvres, et auxquelles nous pourrions accéder grâce à une forme d'intuition ou une méthode particulière. Pour rendre compte de ce qu'une œuvre signifie, nul besoin de postuler l'existence d'entités au statut aussi obscur et indéterminé que *la signification* ou *le sens* et d'une voie d'accès herméneutique.

Ce qu'il propose est de traiter l'œuvre d'art comme un symbole. Une théorie généralisée de la référence identifie et caractérise des relations entre un symbole (ou un système symbolique, pour être plus précis) et ses objets. Elle permet ainsi d'expliquer les manières dont les symboles fonctionnent dans un système en contribuant à la meilleure compréhension des objets auxquels il s'applique – des objets dont Goodman pense qu'ils ne sont pas indépendants des systèmes et de l'usage que nous en faisons. Dès lors, dire d'un tableau qu'il est triste revient à utiliser pour le caractériser un prédicat («être triste») qui ne s'y applique pas littéralement, mais *métaphoriquement*. «Pour résumer, dit Goodman, une métaphore est une idylle entre un prédicat qui a un passé et un objet qui cède tout en protestant» (LA 101). Une façon métaphorique de dire que le prédicat «triste» a déjà une implantation, une histoire de projection, pour caractériser certains sentiments et comportements. C'est son application littérale. Le terme peut cependant être transféré, pour des raisons de reclassification permettant de faire apparaître – là est la nouveauté de la métaphore – certaines caractéristiques non encore reconnues d'un objet.

> Là où il y a métaphore, il y a conflit : l'image est triste plutôt que gaie même si, étant privée de sensibilité, elle n'est par là même ni triste ni gaie. L'application d'un terme est métaphorique seulement si elle est dans une certaine mesure contre-indiquée. (LA 101)

Que signifie maintenant qu'un tableau exprime la tristesse? Le prédicat «triste» dénote littéralement une personne. Il dénote métaphoriquement un tableau, faisant apparaître une propriété que le tableau possède bien (le tableau doit être métaphoriquement triste pour que le prédicat le dénote), mais en fonction d'un «changement d'étiquetage» (LA 102). Cependant, cela n'explique pas encore en quoi le tableau est expressif de la propriété qu'il possède métaphoriquement. Pour le comprendre, nous devons distinguer dénotation et exemplification. La dénotation est la relation entre un prédicat et ce pour quoi il est mis. «Tableau» dénote littéralement un tableau, «triste» dénote métaphoriquement un tableau. Mais la relation converse va de ce qui est dénoté vers ce qui le dénote, c'est-à-dire le prédicat. Imaginons que quelqu'un montre un tableau pour expliciter l'usage du prédicat « tableau », alors le tableau *exemplifie* (littéralement) ce prédicat. Si le tableau exemplifie métaphoriquement le prédicat « triste », alors il s'agit d'exemplification métaphorique. Dans la mesure où tous les prédicats qui dénotent quelque chose ne sont pas exemplifiés à tous moments et en toutes circonstances par cette chose, *l'exemplification est une sous-relation de la converse de la dénotation.* En général, un tableau n'exemplifie pas son poids, par exemple, même si le prédicat « 50 kg » le dénote. Comprendre qu'un tableau exprime la tristesse, ce n'est pas se livrer à une interprétation de ce que nous ressentons, ou des intentions de son auteur ; ce n'est pas plus déceler un sens profond au-delà de son apparence ; c'est saisir une certaine sorte de relation entre un symbole et un prédicat.

On pourrait objecter que ce n'est pas ce qui se passe « dans notre tête » quand nous pensons qu'un tableau est triste. Mais Goodman propose une reconstruction du phénomène de l'expression dans un système constructionnel, celui de *Langages de l'art*. Il ne prétend pas décrire une réalité psychologique, un vécu phénoménologique, la vie mentale de l'esthète. Cette reconstruction permet ainsi d'avoir une théorie générale du fonctionnement des œuvres d'art en tant que symboles. Cela permet aussi, rappelons-le, de caractériser l'esthétique. L'exemplification est un *symptôme* de l'esthétique (LA VI-5). Un symptôme n'est une condition ni nécessaire ni suffisante, mais une caractéristique souvent présente quand on a un certain phénomène. L'exemplification métaphorique, ou l'expression, est un symptôme majeur du fonctionnement esthétique de quelque chose, et d'une œuvre d'art en particulier. De nouveau, il s'agit pour Goodman non pas de décrire certains phénomènes esthétiques et artistiques tels qu'ils sont, mais de les reconstruire, en insistant sur la clarté, la rigueur et la cohérence de leur compréhension à partir de concepts précis et de relations logiques déterminées.

Le schéma suivant indique les principaux outils conceptuels d'une esthétique, débarrassée du psychologisme, et conçue comme une épistémologie et une théorie de la référence :

RÉFÉRENCE

Dénotation littérale	Dénotation fictionnelle	Exemplification
Représentation Notation Citation		Expression Echantillonnage

Représentation et image

La méthode constructionniste est appliquée par Goodman à la notion générale de représentation et d'image dans le chapitre I de *Langages de l'art.* Il s'y livre à une critique radicale de la notion de ressemblance qui n'est une condition ni nécessaire ni suffisante de la référence et de la représentation (LA 35). Ce qui le conduit à dénoncer « les mythes de l'œil innocent et du donné absolu [...], deux fieffés complices » (LA 37). Nous ne nous rapportons pas au monde et aux images indépendamment d'un système de représentation, mais toujours selon un système de représentation. Ce qui signifie que la reconstruction proposée dans un système constructionnel n'est jamais la trahison de la vraie réalité, mais le passage du pré-systématique, qui est seulement le familier, au systématique, à la recherche d'une maîtrise plus ferme des conditions d'intelligibilité. « On ne représente jamais rien qui soit tout à fait dépouillé ou dans la plénitude de ses propriétés » (LA 38), dit Goodman. Nous sommes alors conduits à des remarques sur la notion de perspective. Codifiée par Alberti au xve siècle, on a parfois considéré qu'elle permettait de représenter de façon *fidèle* l'espace et la perception que nous en avons. Or, selon Goodman, elle «ne fournit pas de norme de fidélité absolue ou indépendante» (LA, p. 46). Le débat entre Goodman et l'historien (et théoricien) de l'art E. H. Gombrich, au sujet du caractère conventionnel ou naturel de la représentation picturale, est à cet égard d'une grande richesse philosophique (voir Blanc-Benon, 2009).

Goodman est aussi conduit à proposer en quelques pages toute une théorie de la fiction (LA 47-56). Que dénotent le terme «licorne» ou une image de licorne? Rien. Du coup, «Le Minotaure» et une image du Minotaure (aussi bien une image du Père Noël ou une image de la montagne d'or) dénotent la même chose : rien. Pourtant être une image de licorne et être une image de Minotaure, ce n'est pas la même chose. Pourquoi? Parce que image-de-licorne et image-de-Minotaure sont deux choses différentes. Ces deux prédicats dénotent des choses qu'un enfant distingue fort aisément! Ce qui a une extension primaire nulle (licorne) peut avoir une extension secondaire non nulle (image-de-licorne). L'extension secondaire de licorne, c'est ce qu'elle dénote une fois enchâssée dans une formule comme «image-de-licorne» ou «étiquette-licorne». Notons que nous n'avons alors pas à recourir à un sens (compris comme une entité intensionnelle) du mot licorne, c'est-à-dire à une idée de licorne (ou de licornité), à un monde imaginaire ou à un monde possible dans lequel il y aurait des licornes, paissant paisiblement, ou à une licorne en tant qu'objet intentionnel d'une visée (intentionnelle) de licorne, à une licorne inexistante ou subsistante. Et il s'agit là, pour Goodman, d'une liste de calamités ontologiques qu'une théorie de la fiction peut fort bien éviter.

Langages de l'art propose ainsi un système constructionnel coordonné de la représentation picturale et de la représentation verbale en s'interrogeant sur la projectibilité des prédicats, dans la lignée de *Faits, fictions et prédictions.* Il s'agit de nous interroger sur la façon dont nous pouvons intelligiblement dire qu'un tableau est triste, ou comment nous utilisons des prédicats fictionnels sans que cela conduise à pénétrer dans des mondes imaginaires, possibles ou intentionnels. *Langages de l'art* développe aussi une théorie inscriptionnaliste des symboles. Tout symbole, qu'il soit verbal ou pictural, peut être traité comme une inscription, une entité physique dont on s'interroge alors sur la façon dont elle est construite. On se demandera ainsi si cette inscription est autographe ou allographe. Autographe, une inscription se rapporte historiquement à son auteur. Son identité n'est garantie que par le lien causal qu'elle entretient avec lui. Être cette inscription, c'est être de cette main qui l'a faite. Telle est alors la condition d'authenticité des œuvres picturales : un tableau n'est de Rembrandt que si l'inscription sur la toile est de sa main, autographe. Allographe, une inscription est notationnelle : cette fois l'identité n'est pas garantie par une histoire, mais par le respect des réquisits syntaxiques et sémantiques dans la lecture d'une partition. Dans ce cas, seule importe ce qu'on peut appeler l'identité orthographique de l'œuvre : « une correspondance exacte quant aux séquences de lettres, aux espaces et aux signes de ponctuation » (LA 149), explique Goodman. Ainsi, pour avoir la ixe *Symphonie* de Beethoven, il faut et il suffit d'épeler correctement la partition. C'est la leçon du chapitre iii de *Langages de l'art.* Sa sécheresse explique qu'elle soit restée en travers de la gorge de la plupart des philosophes et des théoriciens de l'art. Elle conduit en effet à distinguer totalement l'identité numérique d'une œuvre d'art (être cette œuvre-là) de toutes considérations intentionnelles ; qu'une œuvre x soit de tel auteur, qu'il soit « présent dans son œuvre », comme on dit, ne joue aucun rôle dans l'authenticité de l'œuvre, comprise comme une attribution correcte de l'œuvre à son auteur. Cette conception n'identifie pas l'identité numérique à un contenu de signification (sous la forme d'une identité intensionnelle), qui se maintiendrait à travers le temps, indépendamment de l'inscription elle-même, ou lié à elle comme l'esprit et le corps pour un dualiste ; un contenu de signification qui serait de nouveau ressaisi à chaque exécution appropriée et aurait une existence spirituelle entre les exécutions. Reconçue dans le cadre d'un système constructionnel, l'identité numérique d'une œuvre d'art, selon Goodman, est historique ou orthographique, en fonction de caractéristiques du système symbolique auquel elle appartient.

Dès lors, il ne saurait y avoir de contrefaçon en musique – du moins s'agissant de la musique écrite. « Il existe, de fait, des compositions qu'on présente à tort comme étant de Haydn, de même qu'il existe des peintures qu'on présente à tort comme étant de Rembrandt ; mais de la *Symphonie londonienne*, à la différence de la *Lucrèce*, il ne peut exister de contrefaçon » (LA 147-147), dit Goodman. C'est que pour avoir la partition de Haydn, il faut et il suffit d'avoir une copie du texte écrit par Haydn. Et l'exécution de la *Symphonie londonienne*, si elle respecte la partition, restitue l'œuvre de Haydn. Que l'exécution puisse avoir ou non des mérites esthétiques est une autre question. Que certaines exécutions infidèles à la partition puissent aussi avoir des mérites esthétiques en est une autre – que Goodman examinera par la suite en réfléchissant sur les variations (RP IV). Notons que c'est la même chose pour un roman : son identité tient uniquement à son identité orthographique, c'est-à-dire à la séquence de signes dont le texte est constitué. « Toute séquence – même si c'est une contrefaçon du manuscrit de l'auteur ou d'une édition donnée – qui correspond de cette manière à une copie correcte est elle-même correcte et rien n'est davantage l'œuvre originale qu'une telle copie correcte » (LA 149), précise Goodman. En revanche, toute copie de la *Lucrèce* de Rembrandt sera une contrefaçon, car l'identité de cette œuvre d'art est historique.

Notation et projectibilité

Les chapitres IV et V de *Langages de l'art* exposent une théorie de la notation. Il s'agit d'expliquer l'identité des symboles dans un système constructionnel – et donc des œuvres d'art; cette identité est liée à des caractéristiques du système lui-même. L'identité d'une peinture n'est pas notationnelle. Mais cela ne signifie pas que son identité échappe au système constructionnel. Par exemple, la densité est une caractéristique de systèmes dans lesquels entres deux caractères ordonnés il y en a toujours un troisième, indéfiniment. Un schème complètement dense n'a pas de « trous ». Ce qui s'oppose à la différenciation finie (ou articulation) quand entre deux caractères K et K', et pour toute marque *m* qui n'appartient pas au deux, il est possible de déterminer si *m* n'appartient pas à K ou si *m* n'appartient pas à K' (voir LA 173). C'est exactement ce qui se passe dans le cas des peintures. Du point de vue sémantique, une notation est un système symbolique dans lequel il n'y a pas d'inscriptions ou de caractères ambigus. Un texte littéraire n'est pas syntaxiquement dense, mais il est sémantiquement ambigu, comme le langage ordinaire…

Dans le détail, les chapitres IV et V de *Langages de l'art* sont techniques. Ils proposent une théorie aussi complète et précise que celle de *La Structure de l'apparence*, mais dirigée cette fois non pas vers des *qualia*, mais vers des inscriptions. Ce qui permet une reconstruction des notions de partition, d'œuvre musicale, d'esquisse, de peinture, de script, d'œuvre littéraire, d'œuvre chorégraphique et d'œuvre architecturale. Toutes ces notions passablement obscures en esthétique trouvent une formulation précise et non ambiguë grâce à la rigueur de la notion de système constructionnel d'inscriptions.

Dans la section 6 du chapitre v, Goodman croise la problématique des systèmes constructionnels et celle de la projectibilité. Car «apprendre et pratiquer un langage quel qu'il soit, c'est résoudre des problèmes de projection» (LA 240). Face à une œuvre d'art, nous repérons avec plus ou moins de difficulté le système symbolique dans lequel elle s'inscrit. Ce système définit des possibilités de projection, c'est-à-dire d'appartenance ou non d'une marque à un caractère (dans le cas des images), d'établissement d'une classe de correspondance d'une partition (dans le cas de la musique), de correspondance ou non d'un prédicat avec un objet ou un ensemble d'objets (dans le cas de la littérature). Autant dire que nous ne sommes en rien passifs. Comprendre et apprécier une œuvre d'art, c'est une activité intellectuelle; ce n'est pas «vibrer», «se laisser envahir», «prendre un coup à l'estomac», et autre formules vaguement psychophysiologiques. Car, «nous devons lire la peinture aussi bien que le poème» (LA 284). L'expérience esthétique est une recherche; «c'est moins une attitude qu'une action» (LA 284). La notion de plaisir esthétique est à cet égard trompeuse, car «quiconque fait en sorte de chercher la satisfaction sans chercher la connaissance n'obtiendra à coup sûr ni l'une ni l'autre» (LA 287). Ce n'est certainement pas en termes de connaissance recherchée et de connaissance délaissée qu'on distinguera le scientifique et l'esthétique. Ce n'est pas qu'il n'y ait aucune différence, même fondamentale, entre le scientifique et l'esthétique, mais ils appartiennent tous deux au genre cognitif. Ce genre doit lui-même être distingué d'activités dans lesquelles certains objectifs étroitement *pratiques* dominent.

Langages de l'art a profondément transformé l'esthétique et la philosophie de l'art. Gérard Genette a même pu dire : « Je ne crois pas hausser le ton plus qu'il ne convient en avançant que l'œuvre de Goodman est la contribution philosophique, en théorie de l'art, la plus éclairante depuis la *Critique du Jugement* » (dans un article paru dans *Libération*, le 6 septembre 1990, pour présenter au public français la traduction de *Langages de l'art*). L'esthétique a souvent été considérée comme le parent pauvre de la philosophie et l'esthéticien comme un philosophe un peu raté. Il est vrai que comprise comme une forme spéculative de critique d'art ou d'histoire de l'art philosophante, ce qui est généralement le cas, on peut se demander si l'esthétique supporte les exigences de clarté et de rigueur conceptuelles et argumentatives de Goodman. Pour le moins, pour ceux qui l'ont lu attentivement, *Langages de l'art* aura sérieusement élevé le niveau de l'esthétique et de la philosophie de l'art, en les modifiant radicalement.

MANIÈRES DE FAIRE DES MONDES

Métaphysique

Manières de faire des mondes est un livre de métaphysique. Car qu'est-ce d'autre qu'un livre « qui se brouille autant avec le rationalisme qu'avec l'empirisme, avec le matérialisme, l'idéalisme et le dualisme, avec essentialisme et existentialisme, avec mécanisme et vitalisme, avec mysticisme et scientisme, aussi bien qu'avec la plupart des autres ardentes doctrines » (MM 12)? Le métaphysicien défend des thèses de ce genre, ou il se dispute avec certaines ou avec toutes. Défendre «un relativisme radical sous contrainte de rigueur» (MM 12), ce qui s'apparente à de «l'irréalisme», c'est adopter une option métaphysique dans laquelle les mondes sont des versions correctes; les mondes ne sont pas donnés, ils ne sont pas déjà là, *ready-made*, sans l'activité qui consiste à les construire. De la multiplicité des systèmes constructionnels dans *La Structure de l'apparence*, à l'irréalisme de *Manières de faire des mondes*, en passant par la critique de la notion d'espèce naturelle dans «La nouvelle énigme de l'induction», la conséquence est bonne.

Cependant, il convient de redoubler de prudence en lisant *Manières de faire des mondes*. Car une interprétation facile devenue courante consiste à embarquer Goodman dans le post-modernisme. Après tout, Goodman ne s'oppose-t-il pas à toute tentative de fonder nos connaissances? Ne rejette-t-il pas la prétention à dire quelle est la nature réelle et ultime des choses? N'est-il pas même moqueur à l'égard de l'idée, qu'il dit «absolutiste», d'une réalité indépendante de nous? Bref, n'endosse-t-il pas la panoplie intellectuelle du philosophe postmoderne? Ce qui conduit parfois à rapprocher ses thèses de philosophes qu'il ne prenait simplement pas au sérieux, comme Heidegger, Foucault, ou Derrida. Certes, il cite Richard Rorty dans une note de *Manières de faire des mondes*. Goodman n'a jamais parlé de «fin de l'épistémologie», «fin de la métaphysique», «fin de la philosophie», rejet, déprise, déconstruction, abandon, retour au quotidien, qui ont envahi une certaine pensée philosophique aujourd'hui. Goodman est un philosophe analytique pur jus, convaincu de la possibilité de l'objectivité scientifique, du rôle cognitif des arts, de la nécessité de recourir à la logique la plus technique dans la formulation des théories philosophiques, très soucieux d'argumenter et de contre-argumenter, radicalement hostile à tout jargon, et à la confusion du littéraire et du philosophique. Bref, il n'est vraiment pas un parangon de post-modernité !

> Qu'on veuille bien accepter d'innombrables versions concurrentes du monde, vraies ou correctes, ne veut pas dire que tout va bien, que les longs récits valent mieux que les courts, qu'on ne distingue plus les vérités des faussetés, mais seulement que la vérité doit être conçue autrement que comme correspondance avec un monde déjà fait. (MM 135)

Si faire un monde suppose que la version, en plus de satisfaire nos besoins cognitifs, soit *logiquement consistante* – une exigence qui risque de sérieusement faire le ménage – alors la multiplicité des versions correctes, certes possible en théorie, ne risque pas vraiment d'entraîner une prolifération. Et d'un nominaliste comme Goodman, on pouvait certes s'attendre à un certain ascétisme mondain. On a parfois trop insisté sur l'irréalisme de Goodman et pas assez sur les contraintes de rigueur qu'il exige dans la fabrication des mondes. Alors pour notre part, c'est là que nous mettrons l'accent : « Les multiples mondes que j'autorise correspondent exactement aux mondes réels faits par, et répondant à, des versions vraies ou correctes » (MM 136), dit Goodman. Et plus loin, après avoir de nouveau rappelé son rejet de l'abso-lutisme, il le répète encore : « Ceci ne veut pas dire [...] qu'il est possible de tomber par hasard sur des versions correctes ; ou qu'on construit les mondes "comme ça" » (MM 139). Et encore : « J'en ai averti plus d'une fois, reconnaître des multiples versions rivales du monde ne trahit aucune volonté systématique de *laissez faire* » (MM 152). Que ce soit pour s'enthousiasmer, ou le critiquer, l'image d'un Goodman devenu ontologiquement et épistémologiquement laxiste, pour ne pas dire *crazy*, ne repose sur aucune lecture sérieuse de *Manières de faire des mondes*.

L'irréalisme de Goodman consiste cependant à accorder une fonction quasi démiurgique aux théories scientifiques les plus abouties et aux œuvres d'art qui comptent, à magnifier le rude labeur des travailleurs intellectuels. Mais certainement pas à verser dans des abîmes de scepticisme ou d'ironie à l'égard des prétentions à connaître et à faire. L'activité de faire des mondes est la mesure de toute chose. Cependant, et là aussi il convient d'éviter les faux-sens, la thèse selon laquelle les mondes sont faits et refaits *n'est pas* la thèse banale du relativisme culturel, affirmant que tout ce que nous pensons et disons exister est relatif à un ancrage socio-historique. Embarquer Goodman dans ce relativisme-là est une erreur de lecture qui ne rend nullement compte du chapitre I de *Manières de faire des mondes*. Pour Goodman les prédicats doivent être implantés, en continuité donc avec des versions antérieures ; la simplicité doit nous conduire à ne pas souscrire inconsidérément à des engagements ontologiques finalement trompeurs ; nous devons construire des versions cohérentes et consistantes. Il est à cet égard significatif que la section 6 du chapitre I de *Manières de faire des mondes*, intitulée « Relative réalité », multiplie les mises en garde et les restrictions sur l'activité de faire des mondes. Goodman ne défend aucun relativisme à bas coût, ou un relativisme démagogique. Si nos mondes sont faits, nous ne sommes pas tous des faiseurs de mondes, des philosophes, des artistes, des théoriciens. Autrement dit, le relativisme de Goodman est une conception finalement *plus* exigeante, et non pas moins, que ce qu'il appelle « l'absolutisme ». Goodman ne prétend pas qu'il nous suffit de faire le constat de nos pratiques, en abandonnant toute exigence métaphysique et surtout logique, pour résoudre tous les problèmes. Vraiment loin de là! Il refuse surtout le ramollissement rationnel et le culte de l'état de fait, qu'il s'agisse du réalisme trop rapide du métaphysicien ou d'un certain pragmatisme vulgaire.

Irréalisme

L'irréalisme comprend quatre thèses :

1) *Le pluralisme ontologique*

Il y a une multiplicité d'engagements ontologiques, non réductibles à un seul, absolu, fondamental ou ultime. Le projet de l'unique bonne ontologie doit être abandonné, dans la mesure où une ontologie dépend toujours de nos besoins. Par exemple, ce que sont les éléments de base d'une ontologie (entités abstraites, concrètes, propriétés, processus, etc.) relève d'un choix, dont il convient ensuite d'évaluer la consistance (logique), la pertinence (pragmatique) et d'assumer les conséquences.

2) *L'incomplétude descriptive*

Aucune description n'est suffisante pour satisfaire tous nos besoins représentatifs. Il n'y a pas de point de vue divin. « Comment allez-vous réduire la vision du monde de Constable ou de James Joyce à la physique ? » (MM, p. 20).

3) *L'antiréalisme ontologique*

Il serait arbitraire d'affirmer qu'une ontologie est fidèle au monde tel qu'il est.

4) *Le relativisme descriptif (antiréalisme sémantique)*

Une expression comme « le monde » ou « la réalité » est toujours relative à un système constructionnel ou à un système de description. « On peut bien avoir des mots sans monde, mais pas de mondes sans mots ou d'autres symboles » (MM 22).

Manières de faire des mondes n'est cependant pas un traité de cet irréalisme qu'il expose, défend et promeut. Dans les premières lignes de l'avant-propos, Goodman présente le projet du livre par une curieuse comparaison avec la chasse au raton laveur ! Il s'agit d'essayer l'irréalisme sur des questions déterminées, comme celle du style, de la citation, de la nature des œuvres d'art, de la perception et de la nature des représentations, comme on poursuit le raton dans ses différentes cachettes. Ce qu'ont en commun ces chapitres c'est l'irréalisme comme arrière-plan des solutions apportées à des énigmes ou des confusions philosophiques.

Les nouveaux mondes sont d'anciens mondes reconstruits. Goodman reprend la métaphore célèbre de Otto Neurath, selon laquelle nous devons réparer le bateau en pleine mer, sans refuge possible dans un radoub. Le philosophe ne reprend jamais les choses à zéro ; le scientifique ou l'artiste, pas plus. Il n'y a pas de table rase théorique ou artistique ; pas de posture qui n'est pas déjà liée à une théorie et qui nous donnerait un accès à un donné neutre. « Faire, c'est refaire » (MM 22), dit Goodman. Cette affirmation rappelle la critique du « mythe du donné » par Wilfried Sellars dans *L'empririsme et la philosophie de l'esprit* (Éditions de l'éclat, 1992). Elle inscrit Goodman, comme il le dit lui-même, dans une lignée kantienne, revue par C.I. Lewis, et dont Goodman affirme qu'elle aboutit à une théorie des symboles (MM 12-13).

Si le chapitre I de *Manières de faire des mondes* est en effet l'une des « Cassirer Lectures » (à l'Université de Yale), la référence au philosophe allemand n'est pas qu'une politesse académique. Le projet chez Cassirer d'une *Philosophie des formes symboliques* se situe aussi, bien sûr, dans une tradition kantienne, qui couvre la philosophie, la science, le mythe, l'art et la religion. Cependant, par son ancrage dans l'histoire de la philosophie et par son rapport critique à l'idéalisme allemand, le projet de Cassirer est différent de celui de Goodman. Cependant, les deux philosophes, chacun à sa façon, partagent deux thèses fondamentales : le pluralisme ontologique et le relativisme descriptif.

Faire et refaire

Goodman propose donc des « manières de faire le monde » (MM I-4), c'est-à-dire qu'il entend recenser les principales opérations cognitives grâce auxquelles nous refaisons les mondes : composition et décomposition, pondération, agencement, suppression et supplémentation, déformation. Notons que Goodman ne décrit pas simplement des interprétations ou des visions différentes du monde. C'est la raison pour laquelle Goodman rejette l'idéalisme philosophique. Il ne prétend pas qu'il nous suffit de changer de façon de se représenter les choses ou de les imaginer pour avoir refait un monde. Goodman ne s'intéresse vraiment nullement à une description de notre vie intérieure ! Refaire un monde, c'est *faire quelque chose* : séparer ou réunir, diviser des totalités, partitionner des genres en espèces, établir des distinctions, ou recomposer, combiner, connecter ; c'est aussi pondérer ou accentuer, agencer autrement, supprimer ou ajouter. Nous avons bien là des *actes*, qui supposent une *opération sur quelque chose*. Un bel exemple est la caricature (MM 35) : en exagérant, le caricaturiste fait voir certains traits de ce qu'il caricature.

On pourrait aussi sans doute repenser le passage du géocentrisme à l'héliocentrisme en termes de telles opérations de reconfiguration. Voyons ce qui se passe quand nous disons :

1) La Terre est immobile
2) La Terre est en mouvement

On peut dire bien sûr que ce sont des énoncés incomplets qu'on pourrait ainsi compléter :

1') La Terre est immobile relativement au système géocentrique
2') La Terre est en mouvement relativement au système héliocentrique

Mais Goodman nous dit que ce n'est justement pas sa thèse (MM 156). Changeons d'exemple, comme le fait Goodman (MM 157). Si nous affirmons :

3) Les rois de Sparte avaient deux votes
1) Les rois de Sparte avaient un seul vote

l'un des deux énoncés est faux. On peut être tenté de dire que ce n'est peut-être pas le cas, en se proposant de compléter ainsi les énoncés :

3') Selon Hérodote, les rois de Sparte avaient deux votes
4') Selon Thucydide, les rois de Sparte avaient un seul vote

C'en serait fait de la contradiction. Mais ces deux derniers énoncés ne nous disent plus rien au sujet de Sparte ! Ils parlent de ce que Hérodote et Thucydide disaient au sujet de Sparte. (3') est vrai, même si les rois de Sparte ne votaient jamais, avaient deux votes ou même trois. Dès lors, Goodman propose de dire que (1) et (2) sont des vérités littérales au sujet de mondes différents. Des mondes *réels*, et non pas des mondes possibles. Cela signifie que (1) n'est pas vrai au sujet du géocentrisme et (2) au sujet de l'héliocentrisme, mais (1) et (2) sont vrais *au sujet de mondes*. C'est pourquoi l'irréalisme *n'est pas* l'antiréalisme, la thèse qu'il n'existe aucun monde indépendamment de nous. Mais, dit Goodman, dans aucun monde il n'y a une terre, qu'elle soit immobile ou en mouvement, indépendamment des catégories que nous utilisons (planète, mouvement, espace, temps, etc.).

En passant de (1) à (2), nous ne changeons pas de «paradigme», de système de catégories ou de référence. Goodman ne reprend pas l'idée que la science est finalement un phénomène social, thèse qui affleure dans *La Structure des révolutions scientifiques* de Thomas Kuhn, et triomphe chez certains sociologues des sciences. La notion d'incommensurabilité des paradigmes scientifiques, qui introduit l'idée d'une discontinuité dans l'histoire des sciences, est même totalement étrangère à la thèse goodmanienne selon laquelle tout monde fait est refait à partir d'un autre précédent. Il n'est dès lors pas étonnant qu'un philosophe aussi attentif à la pensée de Goodman qu'Israël Scheffler soit aussi un critique efficace des thèses de Kuhn.

En passant de (1) à (2), nous divisons autrement l'espace cosmique, nous faisons des distinctions différentes, nous agençons autrement. Le résultat n'est pas que, finalement, ce qui était vrai est devenu faux, et qu'il conviendrait donc de reconnaître que notre prétention à l'objectivité ne résiste pas à l'historicisation des savoirs. Goodman dit que «le réaliste résistera à conclure qu'il n'y a pas de monde; l'idéaliste résistera à conclure que toutes les versions en conflit décrivent des mondes différents» (MM 165). Mais la différence entre les deux est selon lui purement conventionnelle! Chacun à leur tour, certains philosophes rappellent les droits du pluralisme ontologique et d'autres entendent limiter la prolifération descriptive. Goodman semble penser qu'il n'y a pas là une véritable alternative parce que les activités scientifique, artistique et philosophique se nourrissent de cette oscillation dans laquelle on fait et refait des mondes. Le sérieux et l'objectivité intellectuels ne sont ni d'un côté ni de l'autre de l'alternative, mais dans l'effort fait pour ne pas bloquer l'activité de composition, décomposition, pondération, agencement, suppression, supplémentation, ou déformation.

Quel est le test de la réussite de toute cette activité? C'est une *affaire d'ajustement* explique Goodman tout à la fin de *Manières de faire des mondes* (VII-7). Connaître et comprendre s'étend bien au-delà d'une correspondance entre une image et ce dont elle tient lieu (qui nous la ferait dire fidèle), ou entre un énoncé et ce qu'il dit (qui nous le ferait dire vrai). La connaissance et la compréhension vont jusqu'à l'invention de toutes sortes de moyens intellectuels, ce qui n'exclut pas l'émotion et la sensibilité, dans tous les domaines, scientifiques, artistiques, philosophiques. L'invention de ces moyens est ce que Goodman appelle faire et refaire des mondes, et qu'il identifie finalement au «progrès de la compréhension» (MM 42), bien plus qu'à une entreprise consistant à s'assurer que nos croyances sont vraies et correspondent bien à la réalité ou qu'elles y parviennent finalement au terme d'un processus grâce auquel elles se fixent définitivement (et qui est la vérité).

Questions de style

Pourquoi passe-t-on de considérations si générales à la question particulière du style dans le domaine artistique? La raison en est que le style manifeste l'impossibilité de séparer le sujet et la manière. Des portraits de la même personne par des peintres différents – de Napoléon par David (en 1802), par Gérard (portrait en Empereur), par Delaroche (portrait en personnage tourmenté) – sont ceux de la même personne, si nous les considérons comme appartenant à un groupe, en minimisant certaines différences stylistiques. D'un autre côté, le *Portrait de Saint-Cyran* par Philippe de Champaigne ne représente pas seulement Saint-Cyran dans un certain style, disons janséniste; car nous voyons le style de Champaigne comme partie intégrante de ce que nous considérons comme le sujet ou comme le contenu du tableau. Le style n'est pas quelque chose qui se surajoute en plus de la représentation de la personne portraiturée; il est indispensable pour rendre cette personne telle qu'elle doit l'être selon Philippe de Champaigne. À défaut d'avoir peint ainsi, le peintre aurait peint autre chose… Dès lors le sujet de la peinture (son conte-nu représenté) est ce sujet par la façon dont il est présenté, et vice versa : la façon de représenter n'est elle-même ce qu'elle est qu'en étant une représentation de quelque chose *de cette façon*. On ne séparera jamais le mode de présentation de la présentation elle-même, et réciproquement; pas plus qu'on ne peut séparer un monde d'une version et une version d'un monde. En effet, on perdrait les deux, aussi bien dans le cas du style et de ce qui est représenté que dans celui de la version de monde.

Rien ne reste vraiment le même quand on le présente différemment. C'est ainsi qu'un portrait de Saint-Cyran par Philippe de Champaigne est plus proche de n'importe quel autre portrait de qui que ce soit par Philippe de Champaigne que de n'importe quel portrait de Saint-Cyran fait par qui que ce soit d'autre.

La bonne question est alors de savoir à quoi le style nous est bon?

> Le fait que le style soit, par définition, caractéristique d'un
> auteur, d'une période, région ou école, ne le réduit pas à un
> moyen d'attribution [c'est-à-dire à nous permettre de dire
> qu'une œuvre particulière est vraisemblablement de Untel] ;
> bien plutôt, pour autant que l'esthétique est concernée,
> l'attribution constitue un préliminaire ou un auxiliaire à, ou
> un sous-produit, de la perception du style. (MM 64)

Le style est l'une des manières d'identifier, quand nous le
reconnaissons, à la fois ce dont il s'agit et la façon de le
présenter, ce qui est dit et la façon de le dire, et cela en relation
avec une histoire, une société et un auteur. Mais c'est aussi par
l'attribution que nous percevons le style. Ce qui signifie que le
style est moins descriptif que prescriptif de ce que nous devons
percevoir, et de certains traits de ce qui est perçu. Le quoi et le
comment ne peuvent être séparés ; ils s'ajustent l'un à l'autre.

L'identification d'une œuvre d'art passe par l'appréhension de ce qu'elle exemplifie, et donc le discernement de ses
caractéristiques stylistiques ; elle exemplifie en effet entre
autres choses un endroit et un moment particuliers, des
groupes artistiques et un artiste déterminés, une histoire de
production. À travers le style sont saisies les exemplifications
littérales et métaphoriques, et aussi toutes les références
complexes et indirectes, dont l'appréhension constitue la
compréhension de l'œuvre. Quand on a renoncé aux charmes
trompeurs de la mauvaise psychologie, c'est dans cette
capacité à appréhender les traits stylistiques que, pour une
bonne part, consiste la sensibilité esthétique.

Notons que Goodman prend de nouveau grand soin de
distinguer le style et les propriétés intentionnelles des œuvres
– rejetant ainsi une conception communicationnelle de
l'œuvre d'art. Les caractéristiques stylistiques sont celles qui
particularisent l'œuvre ; et non pas celles que l'artiste a voulu

communiquer comme étant l'expression de lui-même. Elles peuvent être exprimées par une œuvre (voire par autre chose qu'un artefact, comme un coucher de soleil, ainsi que le suggère Goodman à la p. 61 de MM), mais elles ne sont par chargées de nous faire remonter jusqu'à des intentions. Dès lors, « là où l'historien utilise sa saisie du style pour identifier un tableau comme appartenant à Rembrandt, ou un poème comme dû à Hopkins, le critique utilise l'identification de l'auteur comme une étape du processus qui cherche à discerner les propriétés de l'œuvre de Rembrandt, ou de celle d'Hopkins » (MM 64-65).

Si une théorie du style importe en philosophie pour Goodman, c'est qu'on peut l'expliquer en termes d'opérations proches de celles décrites dans la section 4 du chapitre i de *Manières de faire des mondes*, et sur lesquelles nous avons déjà insisté : composition, décomposition, agencement, suppression, etc. Reconnaître un style – et, dit Goodman, « on le reconnaît rarement en suivant des instructions explicites » (65) – c'est répondre à une « demande d'ajustement » (65). « Discerner le style fait partie intégrante de la compréhension des œuvres d'art et des mondes qu'elles présentent » (66) : la compréhension est toujours la finalité des opérations qui font et refont les choses.

La même intention d'examiner les « instruments pour faire le monde » (MM 86) conduit Goodman à examiner dans le détail, et avec une certaine technicité, deux cas particuliers : la citation (chap. iii), qu'elle soit verbale, iconique ou musicale, et la perception (chap. v). Il s'agit ainsi de montrer comment l'irréalisme comme théorie de la fabrication des faits (chap. vi) trouve à la fois des exemplifications et des confirmations quasiment empiriques. Dans le cas de la perception, Goodman entend montrer que ce que nous voyons dépend dans une grande mesure d'une activité de classement, de repérage, d'orientation – et donc rien de passif; les choses réelles ne nous sont nullement données dans la perception par un désinvestissement de notre activité cognitive, mais au contraire par sa capacité constructive.

La nature des œuvres d'art

« La nouvelle énigme de l'induction », repris dans *Faits, fictions et prédictions*, et « Quand y a-t-il art ? », le chapitre IV de *Manières de faire des mondes*, sont deux textes qui ont assuré la célébrité de Goodman. En réfléchissant sur « la nature des œuvres d'art » (MM 105), il entend montrer comment elles contribuent à la construction des mondes. Comment cela, « la nature des œuvres d'art » ? Ce texte n'est-il pas au contraire bien connu comme le rejet le plus ferme de l'idée même que les œuvres d'art ont une nature ou une essence ? Ne doit-il pas être restitué dans la lignée de l'anti-essentialisme d'un Morris Weitz (« Le rôle de la théorie en esthétique », dans *Philosophie analytique et esthétique*, Klincksieck, 1988) ? Dans la mesure où les œuvres d'art n'ont aucune propriété commune (ou essentielle) qui en font les œuvres qu'elles sont, « être une œuvre d'art » serait un prédicat de ressemblance familiale – un prédicat qu'on applique à des choses que rien ne regroupe finalement, sinon l'usage que nous faisons du prédicat lui-même. Rien n'est donc une œuvre d'art indépendamment de notre usage de cette expression, et des conditions pragmatiques de cet usage. Haro sur l'essentialisme. Il consiste à rechercher, désespérément, une propriété ou un ensemble de propriétés nécessaires et suffisantes des œuvres d'art. Faisons notre deuil de cette attitude métaphysique, et penchons-nous sur les conditions effectives de nos usages linguistiques. Libérons-nous des vieux restes de la métaphysique et de toute ontologie inutile…

On peut toutefois douter que Goodman ait simplement entonné lui aussi la mélopée des sirènes néo-wittgensteinien-nes. D'abord, il parle d'une « nature des œuvres d'art ». Ensuite, la notion même de « ressemblance familiale » ne trouverait certainement aucune complaisance auprès d'un philosophe pour lequel la notion de ressemblance n'est qu'une source inépuisable de confusion (PP IX-2). Goodman n'est pas essentialiste en matière de définition de l'œuvre d'art. Aucun doute là-dessus. Mais passer de la question « Qu'est-ce que l'art ? » à la question « Quand y a-t-il art ? » ne revient pas à renoncer à toute définition et à céder au culte pragmatiste de l'usage. C'est comprendre l'œuvre d'art en termes de fonctionnement. Pour n'être pas une définition par l'essence, une définition fonctionnelle reste bien une définition, une façon de dire ce qu'*est* une chose.

Présenter les œuvres d'art comme fonctionnelles, c'est dire qu'elles nous servent à quelque chose. On sait à quoi : à faire et refaire des mondes. Ce qui implique un rejet ferme de plusieurs théories. Celles que les œuvres d'art sont simple-ment décoratives ; les symboles qu'elles comprennent venant simplement rehausser ou distraire dans la description ou l'imitation de quelque chose. Mais aussi, c'est rejeter une théorie, presque l'inverse de la précédente, selon laquelle les œuvres d'art sont autotéliques. On reconnaîtra les clichés du structuralisme français (Barthes, Foucault, Derrida) tels qu'ils se sont exportés aux Etats-Unis. Le vrai sujet de l'art serait l'art lui-même. Le rejet d'une conception de l'œuvre d'art comme expression de son auteur – et de la critique comme tentative de reconstituer ce que l'auteur a voulu dire – a parfois conduit à l'affirmation que les œuvres ne signifient rien et que l'art pur, qui seul vaut quelque chose, fuit toute symbolisation ; il serait sans référence externe. Les signes n'ont de rapport qu'à des signes ; la référence n'est qu'une illusion ; il n'y a pas de hors-texte. Comme le dit Goodman, « un tel manifeste frappe fort » (MM 90), mais il revient aussi à pratiquer une « lobotomie sur de nombreuses grandes œuvres » (MM 91).

Goodman reprend et raffine la théorie de la référence et de la représentation qu'il a présentée dans *Langages de l'art*. L'alternative entre *symboliser quelque chose d'externe* et *ne renvoyer qu'à d'autres symboles* est restrictive. Par exemple, « une peinture abstraite qui ne représente rien, et qui n'est en rien représentationnelle, peut exprimer, et ainsi symboliser, un sentiment ou une autre qualité, une émotion ou une idée » (MM 92). Après tout, même l'œuvre la plus abstraite, la moins représentationnelle, la moins expressive, la moins symbolique – et donc la plus propre à satisfaire les tenants d'une conception que Goodman appelle « puriste » ou « formaliste » – possède des propriétés extrinsèques et non pas seulement des propriétés intrinsèques. Mais c'est aussi que la distinction entre propriétés intrinsèques (qu'une chose a indépendamment de tout autre) et extrinsèques (qu'elle n'a que relativement à une autre), est passablement problématique.

Goodman propose alors de réfléchir sur la notion d'échantillon, à partir de l'histoire édifiante de Mme Tricias qui recouvre ses chaises et son canapé, puis, deux semaines plus tard, commande un gâteau pour cinquante personnes chez le pâtisser local à l'occasion d'une réception qu'elle entend donner. Nous sommes transportés dans une série des années soixante, avec une femme d'intérieur dans un décor à la Edward Hopper. Il s'agit de montrer qu'un échantillon ne l'est jamais que de certaines propriétés de ce dont il est l'échantillon. L'exemplification est contextuelle. Une peinture « puriste » exemplifie des propriétés qu'elle possède, plutôt que ce qui est extérieur à elle, mais cela reste une forme de référence : « une œuvre d'art, pour être libre de toute représentation et expression, est encore un symbole, même si elle ne symbolise ni des choses, ni des gens, ni des sentiments, mais certains aspects de forme, couleur, texture, qu'elle fait ressortir » (MM, p. 98). Il n'y a donc pas d'art sans symboles. Une œuvre d'art représente, exprime ou exemplifie. Elle peut faire les trois ou l'un des trois, mais jamais aucun des trois. « La fonction symbolique (...) donne une piste pour aborder l'éternel problème de savoir quand il y a et quand il n'y pas une œuvre d'art » (MM 99). Une même chose, selon les circonstances, fonctionne ou non comme œuvre d'art. Et si elle fonctionne comme œuvre d'art, c'est en fonction des propriétés qu'elle possède, qui lui permettent de représenter, d'exemplifier, d'exprimer. Cela n'a alors rien d'arbitraire ou de conventionnel, en un sens qui signifierait que rien ne justifie que nous disons qu'elle est une œuvre d'art.

Mais bien sûr rien n'est une œuvre d'art simplement en fonctionnant comme symbole. Il y a des indices de la symbolisation – et cela nous reconduit aux symptômes de l'esthétique, déjà énoncés dans *Langages de l'art*. Cette fois, Goodman ajoute aux quatre premiers symptômes (densité syntaxique, densité sémantique, saturation relative et exemplification), un cinquième : la référence multiple et complexe. Reprenons l'exemple d'une peinture qui exprime la tristesse. Cette peinture peut dépeindre une scène particulièrement sombre, qui exemplifie le prédicat « sombre », lequel s'applique métaphoriquement aux personnes qui sont tristes et exemplifient la tristesse. La peinture fait donc référence à la tristesse à travers toute une chaine de références, incluant exemplification littérale et métaphorique, expression et dénotation. On pourra laisser au lecteur le soin de décrire la chaine de référence (multiple et complexe) qui nous permet de comprendre quand le réalisateur Claude Chabrol, à la sortie de son film *Madame Bovary*, dit à une journaliste interloquée : « Isabelle Huppert, c'est moi ». Chabrol fait allusion à l'actrice qui jouait le rôle de Madame Bovary dans son propre film, sachant bien sûr que Gustave Flaubert, l'auteur du roman *Madame Bovary* dont le film est une adaptation cinémato-graphique, aurait dit « Madame Bovary, c'est moi ». Mais Chabrol aurait aussi pu introduire une chaine encore plus complexe en disant « Valentine Tessier, c'est moi », sachant que Jean Renoir avait lui-même fait une adaptation du roman de Flaubert, une cinquantaine d'années plus tôt, avec Valentine Tessier dans le rôle d'Emma Bovary. (Il aurait pu oser un « Jane Austen, c'est moi », mais ce n'est plus d'une chaine mais d'une épuisette référentielle dont il serait alors question.)

Les symptômes de l'esthétique ne constituent que des indices fréquents. Pas d'essentialisme en vue donc. Mais dans la mesure où ils sont disjonctivement nécessaires (il en faut au moins un pour qu'on puisse parler de fonctionnement esthé-tique) et conjonctivement suffisants (ensemble ils forment un syndrome), ces symptômes permettent de dessiner une frontière entre l'esthétique et le non esthétique, et une certaine définition de l'œuvre d'art. Ainsi « le tableau de Rembrandt demeure une œuvre d'art, comme il demeure un tableau, alors même qu'il fonctionne comme abri ; et la pierre de la route ne peut pas au sens strict devenir de l'art en fonctionnant comme œuvre d'art » (MM 103-104). Nous n'avons simplement pas besoin d'une essence, indépendante de tout fonctionnement symbolique, de toute opération cognitive, de tout contexte culturel, et de tout « ce que fait l'art » (MM 104), c'est-à-dire faire et refaire des mondes, pour rendre compte d'une différence entre ce qui est de l'art et ce qui n'en est pas.

Du reste, Goodman considère que la question importante n'est pas celle de la définition de l'art, mais de ce que l'art fait. C'est la reconstruction toujours et encore qui importe, bien plus que la détermination ultime de ce qu'est la réalité.

RECONCEPTIONS EN PHILOSOPHIE, DANS D'AUTRES ARTS ET D'AUTRES SCIENCES

Un nouveau programme pour la philosophie

Le dernier livre de Goodman, *Reconceptions en philosophie, dans d'autres arts et dans d'autres sciences*, est publié en collaboration avec Catherine Z. Elgin. Comme l'intégralité de l'ouvrage est clairement revendiquée par les deux auteurs, il est possible d'attribuer chaque affirmation aussi bien à l'un qu'à l'autre. On aurait tort de croire que ce dernier livre se contente de reprendre les morceaux de bravoure de la philosophie de Goodman – la nouvelle énigme de l'induction, la théorie du symbole, les symptômes de l'esthétique – pour simplement les reformuler. Il faut appliquer à Goodman sa propre thèse : il reconstruit constamment sa propre théorie; pour continuer à la faire, il faut la refaire. Elle n'est pas modifiée sur le fond, mais certains traits de sa pensée n'apparaissent qu'à travers des reformulations et l'introduction de nouveaux domaines d'étude. Quatre thèmes de la pensée de Goodman se trouvent accentués dans ce dernier livre : l'importance du faire, la notion de correction dont la vérité n'est jamais qu'un aspect, le passage de la notion de connaissance à celle de compréhension, et la « reconception » de la philosophie. Ces thèmes étaient déjà présents, tout particulièrement le second dans le dernier chapitre de

Manières de faire des mondes. Mais ils sont mis en avant et explorés à nouveaux frais. Si ces nouveaux domaines sont abordés, c'est que l'ensemble du livre a un profil nettement plus épistémologique que les précédents. Dès les premières lignes du chapitre I, il est question d'une «théorie de la connaissance», dont la notion centrale ne sera pourtant pas celle de connaissance.

Cette épistémologie «rejette aussi bien l'absolutisme et le nihilisme, la vérité unique que l'indiscernabilité du vrai et du faux» (RP 3). C'est que Goodman privilégie toujours la reconstruction sur la déconstruction; il ne recherche ni l'absolu ni le dissolu, pourrait-on dire. S'il n'entreprend pas le repérage d'une réalité ultime, comme se le proposent les métaphysiciens analytiques à la David Armstrong, David Lewis ou Peter van Inwagen, il est toujours soucieux d'offrir une perspective positive et un programme philosophique.

Rappelons en effet que lorsque *Reconceptions en philosophie* paraît, la renaissance de la métaphysique s'est déjà effectuée, tout particulièrement dans la philosophie australienne et américaine. L'idée d'une «fin de la métaphysique», si présente dans la philosophie continentale à la même époque, n'a pas cours. La période hostile à la métaphysique est une parenthèse, dont il ne faut pas exagérer l'importance, dans l'histoire de la philosophie, entre disons la fin du XVIIIe siècle et le retour d'un projet métaphysique chez Bertrand Russell (dans *La connaissance humaine*, en 1948, Vrin, 2002), et aussi chez Goodman (dans *La Structure de l'apparence*). Un projet qui se développe ensuite de façon délibérée, une fois contestée la distinction entre analytique et synthétique. La renaissance de la métaphysique ne résulte pas de l'ignorance de la critique qu'elle a subie depuis les Lumières. Mais la possibilité de la métaphysique est réaffirmée contre les critiques de type kantien, et aussi contre celles qui s'étaient alimentées à la source de l'empirisme humien et avaient abouti au positivisme logique. Certes, il reste nombre d'auteurs pour rejeter cette renaissance sous une forme analytique. Mais la philosophie analytique est en partie devenue, dans les années 1980, une *métaphysique* analytique. Cependant, Goodman ne rejoint pas ce mouvement qui, pour lui, constitue certainement aussi un retour de l'absolutisme.

D'un autre côté, Goodman ne verse nullement dans le scepticisme ou le postmodernisme. Si la notion de connaissance doit être reconsidérée, ce n'est pas pour la rejeter, mais pour étendre le projet d'une compréhension du monde ou des mondes à des horizons plus larges. Dès le début de *Reconceptions*, il affirme que « l'épistémologie comprend la compréhension ou la cognition sous tous ses modes – y compris la perception, la dépiction et l'émotion, aussi bien que la description » (RP 4). C'est l'alternative à l'insistance sur les limites de la connaissance humaine à partir de Hume et de Kant, puis à une certaine forme de désespoir épistémologique et métaphysique. La compréhension prend des formes multiples que les philosophes n'ont pas su appréhender dans toute leur variété. Dès lors, plutôt qu'à l'absolutisme, c'est au pluralisme épistémologique que Goodman se rallie : « on peut [...] construire une multiplicité de systèmes symboliques, lesquels ne sont pas réductibles ni justifiables en termes d'une unique base préférée » (RP 27). Ce qui devient alors central pour l'épistémologie n'est pas de s'assurer d'un fondement épistémologique, de critères de validité épistémologique de nos croyances et de nos connaissances, c'est-à-dire de résoudre le problème de la justification épistémique. Il s'agit bien plutôt de réfléchir en termes de compréhension sur la légitimité de tel ou tel système symbolique qui définit des mondes différents, et d'examiner comment les systèmes symboliques sont mis en œuvre.

Le tournant épistémologique en esthétique (2)

Le « tournant épistémologique » en esthétique n'est jamais aussi net que dans les chapitres II, III et IV de *Reconceptions*, consacrés respectivement à l'architecture, à l'œuvre littéraire et à la variation, qu'elle soit picturale ou musicale.

Si une boutique où l'on vend des glaces peut avoir la forme d'un cornet surmonté d'une boule à la vanille, l'architecture est un art non représentationnel. Pour autant, cela n'implique nullement que la notion de signification n'ait pas sa place en architecture. Non pas qu'il faille rechercher des interprétations politique, psychanalytique, sociologique, phénoménologique, postmoderne, de l'architecture, comme beaucoup s'y essaient. En revanche, il convient de comprendre comment fonctionnent symboliquement les œuvres architecturales (voir Gaff, 2007). En exploitant ainsi au sujet de l'architecture les instruments conceptuels de sa théorie de la symbolisation, Goodman est cependant aussi reconduit à la question de l'interprétation. S'il rejette la thèse selon laquelle il n'y a qu'une seule bonne interprétation (absolutisme), il récuse le « relativisme radical » (RP 44). Celui-ci dénie la possibilité d'une interprétation fautive ou prétend que l'interprétation produit son objet bien plus qu'elle ne s'ajuste à lui. Ce qui finalement revient à contester l'idée même de signification. C'est bien à une critique du « déconstructionnisme » (RP 45) qu'il se livre. Cette doctrine avait fait son apparition dans les départements de théorie de la littérature et d'esthétique dans les années 1980, et Goodman s'est manifestement attaché à en rejeter les dogmes. Goodman défend en revanche un « relativisme constructif » : si aucune interprétation n'est absolument requise, toutes ne sont pas correctes.

Les œuvres d'art, qu'elles soient architecturales ou non, *sont rarement réussies*; on pourrait dire qu'elles n'œuvrent pas toujours, ne fonctionnent pas à tous les coups pour le mieux, loin de là. Pour Goodman, « une œuvre architecturale, ou une autre œuvre d'art, œuvre de telle façon qu'elle s'intègre à ce que nous voyons, percevons, concevons et comprenons en général » (RP 48). « S'intègre » ou non, en nous permettant de comprendre ou de mieux comprendre ou non. Une œuvre d'art peut renouveler notre compréhension, « et participer à l'activité continuelle par laquelle nous refaisons un monde » (RP 48), ou échouer, parfois lamentablement. Le relativisme constructif n'est donc ni un laxisme interprétatif, ni un renoncement à toute forme d'interrogation sur ce que font *réellement* les œuvres.

La question de l'interprétation correcte est examinée aussi au sujet des œuvres littéraires. Ce qui conduit Goodman à s'interroger sur ce qu'elles sont, et à prendre position dans les questions d'ontologie de l'art en général et de la littérature en particulier. Goodman va en effet rejeter un type de thèse apparu à la suite d'une nouvelle de Jorge Luis Borges : « Pierre Ménard, auteur du *Quichotte* » (publiée en français dans le recueil *Fictions*, Folio, 1984; voir Morizot, 1999). Borges imagine en effet un auteur du début du xxe siècle écrivant exactement le même texte que certaines parties du *Quichotte* de Cervantes. On s'accorde souvent à considérer qu'il y aurait bien un seul texte, mais deux œuvres, chacune relative à un contexte (et « paratexte », comme dit Gérard Genette) diffé-rent. Une conception pragmatique de l'art irait encore plus nettement en ce sens; elle affirme que l'œuvre n'est pas réductible à son texte parce qu'elle appartient à des pratiques diverses qui produisent des différences irréductibles. Pourtant, Goodman maintient qu'à un texte correspond une œuvre. Pour Goodman, « tout comme le mot "serviette", malgré ses deux applications [à un pièce de tissu et à un objet dans lequel on range papiers et livres], est un seul mot et pas deux, *Don Quichotte*, malgré ses multiples interprétation admissibles est une seule œuvre et non pas plusieurs » (RP 63). Goodman tient à éviter de verser dans une conception intensionnaliste en ontologie de l'art : l'œuvre devenant un ectoplasme herméneutique dont les conditions d'identité sont indéterminées. L'identité d'une œuvre est celle d'un texte et l'identité d'un texte est celle d'une suite ordonnée de caractères. Pour avoir la même œuvre littéraire, il faut et il suffit d'avoir la même suite ordonnée de caractères. C'est une raison de penser qu'une traduction est une œuvre différente de celle qui est traduite. Une traduction est liée à ce qu'elle traduit par une relation que deux œuvres distinctes peuvent avoir, mais ce n'est pas la même œuvre. (Ce qui ne signifie pas qu'une traduction ne peut pas être bonne ou mauvaise, mais que le critère de valeur d'une traduction n'est pas l'identité de l'œuvre sous deux textes différents.) Pour Goodman une œuvre littéraire est un texte, et donc une inscription physique, et non pas une entité nébuleuse correspondant à des usages et des pratiques.

Le chapitre consacré aux variations développe une conception similaire. Au lieu que cette notion soit définie en termes d'une vague identité de signification, les conditions pour qu'on puisse parler de variation sont clairement déterminables en termes de condition formelle et de condition fonctionnelle :

> Premièrement, pour être *acceptable* comme variation, un passage doit ressembler au thème sous certains aspects et contraster avec lui sous certains autres. Deuxièmement, pour

> *fonctionner* comme variation, un passage acceptable doit
> exemplifier littéralement les caractéristiques partagées
> exigibles et exemplifier métaphoriquement les caracté-
> ristiques contrastantes exigibles du thème, et référer à lui
> *via* ces caractéristiques. (RP 73)

Il devient alors aussi possible de définir précisément la
parodie et l'improvisation, comme des façons de refaire des
œuvres et des mondes. L'exemple des variations de Picasso
sur les *Ménines* de Velasquez est examiné dans le détail en
fonction de l'exigence formelle et fonctionnelle, exemplifiant
ainsi à nouveau la puissance des instruments conceptuels
forgés par Goodman.

Représentation (2)

Les chapitres v à viii de *Reconceptions* portent
principalement sur la notion de représentation. La critique de
la notion d'image mentale (dans « Visions sans vision ») est
exemplaire de l'ambition de Goodman (et Elgin) : renouveler
la réflexion philosophique en évitant de se laisser prendre par
des notions vagues et indéterminées. Philosophes, psychologues, spécialistes des sciences cognitives et des neuro-
sciences parlent d'images mentales, et ils en parlent comme
s'il y en avait ! « Nous ne possédons aucun petit théâtre dans la
tête où ces images sont projetées sur un écran, et de toute
façon, il n'existe personne pour les regarder à cet endroit-là »
(RP 86). Or une image est une chose physique, tout comme
une œuvre littéraire est un texte et non une signification dans
l'esprit d'un auteur ou d'un lecteur, ou des deux. Nous faisons
des descriptions de descriptions, mais elles sont verbales ou
picturales ; elles ne sont pas mentales. Notre capacité à parler
en termes d'images mentales est liée à notre capacité à parler

intelligiblement, et avec des critères de correction, d'entités fictionnelles, comme des licornes ou comme Don Quichotte. Dès lors, « le fait d'avoir une image mentale ne revient pas à posséder quelque image sensible mais immatérielle, logée dans une chose que nous appelons l'esprit, il s'agit plutôt de posséder et d'exercer certaines capacités – de produire, de juger, de réviser certaines descriptions et images matérielles » (RP 93), précise Goodman.

Efficacité épistémique de la stupidité et avenir de la philosophie

Il est important d'insister sur la dernière partie du livre, intitulé « Prémonitions ». Elle comprend deux chapitres qui proposent une reconception de l'épistémologie et de la philosophie. S'il y a quelque chose que Goodman a conservé de son intérêt pour la philosophie de Carnap et du Cercle de Vienne dans les années 1930, c'est son caractère programmatique. Le second texte tout particulièrement, « Une reconception de la philosophie », est un véritable manifeste.

Apprécions d'abord toute l'ironie du titre du premier article de la dernière partie de Reconceptions : « L'efficacité épistémique de la stupidité ». Il s'agit d'offrir de nouvelles perspectives à l'épistémologie – Catherine Elgin les a ensuite développées (1996). Goodman montre que les principales théories épistémologiques contemporaines – externalistes (la justification de nos connaissances tient à l'effet causal des faits ou de la réalité dans l'acquisition de nos croyances) ou internalistes (la justification de nos connaissances tient à certaines caractéristiques qu'elles possèdent et auxquelles nous avons un accès introspectif) – conduisent à une conséquence déconcertante : « puisque des qualités intellectuelles telles que la sensibilité, la largeur d'esprit et la pénétration

logique interfèrent souvent avec les exigences de la connaissance, les individus dépourvus de telles qualités ont un
avantage épistémique » (RP 146). Cela nous est délicieuse-
ment montré en suivant l'exemple des cheminements intellectuels de Sherlock Holmes. Le grand détective à l'esprit à la
fois rigoureux, subtil et conséquent court plus souvent le
risque de se tromper que le Docteur Watson, pourtant si intellectuellement pataud; les différentes théories épistémologiques devraient nous conduire à entretenir bien des
soupçons sur ce que sait le détective et à reconnaître l'efficacité épistémique d'une certaine stupidité du second. Mais si
Holmes est en fâcheuse posture épistémique, selon les théories
en cours, ce sont alors les théories qui ont tort, et non le fameux
détective. C'est aussi que l'épistémologie a tort de tenter de
tant mettre l'accent sur la justification de la connaissance.
Comment comprenons-nous et comment notre compréhension s'améliore-t-elle, sans pourtant que notre connaissance
soit mieux fondée ou plus fiable, sont de meilleures questions.
Il s'agissait bien là de la part de Goodman d'une « prémoni-
tion ». Car depuis vingt ans, une part importante de l'épistémologie insiste sur les « qualités cognitives » dont nous devons
être pourvus pour comprendre, sur la connaissance comme
activité, bien plus que sur des critères, passablement problé-
matiques, de justification de nos connaissances.

   Reconceptions s'achève par un texte méta-philosophique.
La reconception de la philosophie passe par une réflexion. S'il
n'existe rien comme un monde indépendant de toute
description, et si la vérité ne concerne que des énoncés (vrais
ou faux), alors une rénovation de la philosophie supposera
de mettre l'accent sur la correction, notion plus large,
s'appliquant aux questions, interpellations, images, à la
musique, à la chorégraphie et aux films, aux symboles de toute

espèce et à toutes nos activités cognitives, dans leurs multiples dimensions et expressions. Compréhension et correction valent mieux que connaissance et vérité.

> La correction n'étant pas restreinte aux symboles d'assertion, de description ou de dépiction, l'ajustement n'est pas ici un ajustement à (*onto*) – une correspondance, une équivalence ou un reflet défini par rapport à la Réalité indépendante –, mais un ajustement avec (*into*) un contexte, un discours, ou un complexe donné d'autres symboles. (RP 168)

Le test de l'ajustement réside alors dans le fonctionnement de l'œuvre – de la théorie, du film, de la chorégraphie, du roman, et de toutes nos activités cognitives.

La notion de vérité peut cependant être préservée, dans un rôle spécifique et limité, comme un ingrédient de la correction. En revanche, « la certitude – mélange prétentieux de psychologique et de pseudo-logique – ne peut être sauvée » (RP 170). La certitude avait été placée au centre de la recherche en philosophie ; il suffit de penser au projet de Descartes dans les *Méditations*, mais aussi à toute la tradition épistémologique, qu'elle soit rationaliste ou empiriste. Fondationnelle ou finale, la certitude ne nous est bonne à rien, puisqu'elle stoppe la recherche. Goodman lui préfère, et de loin, *l'adoption*. On pourrait dire aussi *l'acceptation*. C'est « une affaire de mise en fonctionnement, d'ajustement ou de tentative d'ajustement » (RP 170). Pensons à ce qui se passe quand nous lisons un roman, regardons un film, essayons de comprendre une théorie. C'est un « essai sans engagement » (RP 170), et sans confiance. La stabilité et la durabilité d'une conception adoptée tient à sa fonctionnalité : nous fait-elle comprendre ou non ? La durabilité entraine peut-être la correction – mais elle n'entraîne pas la vérité : « l'implantation ne dérive pas de la correction; au contraire, c'est plutôt l'implantation qui, bénéficiant d'un ajustement et d'un fonctionnement prolongés, *milite pour* la correction » (RP 171).

La compréhension est à la fois la faculté cognitive et le processus permettant d'employer cette capacité. La compréhension ne s'arrête pas, parce qu'elle n'est jamais que partielle; elle se reprend constamment dans toutes nos activités, requérant de nouvelles aptitudes qui bousculent parfois des habitudes et entrainent des modifications, tout en s'appuyant sur ce que nous avons adopté et à quoi nous tenons. On retrouve l'idée d'équilibre réfléchi, essentielle dans « La nouvelle énigme de l'induction » :

> On modifie une règle si elle engendre une inférence que nous ne sommes pas prêts à accepter; on rejette une inférence si elle viole une règle que nous ne sommes pas prêts à modifier. La justification est un délicat processus d'ajustement mutuel entre les règles et les inférences acceptées, et cet accord constitue la seule justification dont chacun ait besoin. (FFP 80)

Rappeler ce passage, écrit plus de quarante ans avant *Reconceptions*, permet d'insister, encore une fois, sur l'unité de la pensée de Goodman. Ce passage aurait pu entrer, au vocabulaire prêt, dans le dernier livre de Goodman. Simplement, Goodman a étendu le propos. Il s'agissait des seules inférences déductives et inductives et des règles logiques. Dans *Reconceptions*, l'équilibre réfléchi devient une procédure de toute activité cognitive.

Goodman ne préfère pas la confirmation empirique à la connaissance, la probabilité à la certitude, la croyance justifiée à la connaissance; surtout, il ne se résigne pas à un relativisme sans retenue. En ce sens, il ne fait nullement son deuil de l'espérance épistémique, au profit d'une dénonciation, par la philosophie, qui aurait là sa principale fonction, des enjeux de pouvoirs cognitifs et de l'aliénation par la rationalité. Certes, Goodman s'accorde « avec la conclusion sceptique que la vérité transcendante aussi bien que la certitude et la connaissance sont inaccessibles » (RP 173). En ce sens, il se situe bien, comme il le dit lui-même, dans une lignée kantienne. Ce ne sont pas nos facultés cognitives qui sont en question, mais, pour Goodman, les notions de vérité, de certitude et de connaissance.

BIBLIOGRAPHIE

Livres de Nelson Goodman

A *Study of Qualities*. These de doctorat soutenue à Harvard University, 1941. Publiée à New York, Garland, « Harvard Dissertations in Philosophy Series », 1990.

The Structure of Appearance. Harvard UP, 1951. 2e éd. Indianapolis, Bobbs-Merrill, 1966, 3e éd. Boston, Reidel, 1977. Trad. italienne, Il Mulino, 1985 ; trad. fr., Vrin, 2004.

Fact, Fiction, and Forecast. University of London, Athlone Press, 1954, Cambridge, MA, Harvard UP ; 1955, 2e éd. Indianapolis, Bobbs-Merrill, 1965 ; 3e éd. Indianapolis, Bobbs-Merrill, 1973 ; 4e éd. Cambridge, MA, Harvard UP, 1983. Trad. allemande, Suhrkamp, 1975 ; trad. fr., Éditions de Minuit, 1985 ; trad. italienne, Laterza, 1985 ; trad. japonaise, Keiso Shobo, 1987 ; trad. portugaise, Presença, 1991.

Languages of Art : An Approach to a Theory of Symbols, Indianapolis, Bobbs-Merrill, 1968. 2e éd. Hackett, 1976. Édition britannique, Harvester Press, 1981. Trad. allemande, Suhrkamp, 1973 puis 1997 ; trad. espagnole, Editorial Seix Barral, 1976 ; trad. italienne, Il Saggiatore, 1976 ; trad. fr., Éditions Jacqueline Chambon, 1990 reprise en poche, Hachette Pluriel ; trad. tchèque, Academia, 2007.

Problems and Projects. Indianapolis, Bobbs-Merrill, 1972 puis Hackett. Trad. italienne, Bollati Boringhieri (à paraître).

*Basic Abilities Required for Understanding and Creation in the Arts :
Final Report* (avec David Perkins, Howard Gardner, Jeanne
Bamberger et al.) Cambridge, Harvard University, Graduate
School of Education, Project No. 9-0283, Grant No. OEG-0-9-
310283-3721 (010), 1972.

Ways of Worldmaking. Indianapolis, Hackett, 1978. Édition
britannique, Harvester Press, 1978 ; éd. de poche, Hackett, 1985.
Trad. allemande, Suhrkamp, 1984 ; trad. japonaise, Misuzu
Shobo, 1987 puis Tchikuma Syobou, 2008 ; trad. italienne,
Laterza, 1988 ; trad. espagnole, Visor, 1990 ; trad. tchèque, Archa,
1997 ; trad. fr., Éditions Jacqueline Chambon, 1992, reprise Folio-
Gallimard, 2006.

Of Mind and Other Matters. Cambridge, MA, Harvard UP, 1984.
Trad. allemande, Suhrkamp, 1987 ; trad. espagnole, Visor, 1995 ;
trad. fr. (partielle), *L'art en théorie et en action*, Éditions de
l'éclat, 1996, reprise Folio-Gallimard, 2009.

Reconceptions in Philosophy and other Arts and Sciences (with
Catherine Z. Elgin). Indianapolis, Hackett et London, Routledge,
1988 ; éd. de poche, Hackett, 1990. Trad. allemande, Suhrkamp,
1989 ; trad. italienne, Bollati Boringhieri, 1991 ; trad. japonaise,
Misuzu Syobou, 2001 ; trad. fr., P.U.F., 1994.

Esthétique et connaissance. Pour changer de sujet (trad. fr de 5
articles), Éditions de l'éclat, 1990.

Par ailleurs Goodman est l'auteur d'une bonne centaine d'articles
et d'interventions diverses dont la majeure partie a été reprise dans ses
ouvrages (chapitres de FFF, LA, MM et RP) et dans ses deux recueils
(PP et MOM). C'est pourquoi il n'a pas paru indispensable d'en
donner ici la liste complète. Mention particulière pour « L'art en
action » paru en français dans les actes du colloque (Centre Georges
Pompidou, 1991) « Nelson Goodman et les langages de l'art », *Les
Cahiers du Musée National d'Art moderne*, n°41, automne 1992.

Néanmoins, le lecteur qui souhaite s'informer plus précisément
sur ce corpus peut consulter l'International Bibliography parue
initialement dans le *Journal of Aesthetic Education*, vol. 25, n° 1,

printemps 1991. Elle est désormais hébergée par le HCRC (Human Communication Research Center) de l'Université d'Edinburgh, sous la responsabilité du Prof. John Lee, et accessible en ligne à l'url suivante : http://www.hcrc.ed.ac.uk (dernière mise à jour février 2011).

Numéros d'hommage et colloques

« The New Riddle of Induction », *Journal of Philosophy* 63 (1966), p. 281-331 [contributions de R.C.Jeffrey, J.J.Thomson, J.R.Wallace et commentaires de Goodman].

Rudner R.S. et I.Scheffler (éd.), *Essays in Honor of Nelson Goodman*, Indianapolis, Bobbs-Merrill, 1972.

« General Topic : Languages of Art », *Monist* 58 (1974), p. 175-318 [contributions de J.Margolis, F. E.Sparshot, A.Tormey, K.Soren, K.Walton, J.Bennett, D.Carrier, S.Ross, N.Goodman et V.A.Howard].

« Supplément : Colloque Skills and Symbols in the Arts », *Monist* 58, (1974), p. 319-342 [contributions de H.Gardner, M.W. Wartowsky et N.Goodman].

« The Philosophy of Nelson Goodman Part 1 », *Erkenntnis* 12 (1978), p. 3-179 [contributions de R. A.Eberle, M. W.Wartowsky, J.Robinson, S.Kjorup, V. A.Howard, M.Sagoff, M.C.Beardsley, S.Morawsky, R. S.Rudner, et réponses de N.Goodman].

« The Philosophy of Nelson Goodman Part 2 », *Erkenntnis* 12 (1978), p. 181-291 [contributions de W.Essler, F. von Kutschera, G.Hellman, F.Breitkopf, I.Fox, et réponses de N.Goodman].

« Colloque Goodman's Ways of Worldmaking », *Journal of Philosophy* 76 (1979), p. 603-619 [contributions de H.Putnam, I. Scheffler et N.Goodman].

« Aesthetics and Worldmaking : An Exchange with Nelson Goodman », *Journal of Aesthetics and Art Criticism* 39 (1981), p. 249-280 [contributions de J. S.Ackerman, J.Kulenkampff, R.Martin, A. F.Nagel, J.Margolis, A.Silvers, P.Hernadi et les réponses de N.Goodman].

Worldmaking's Ways, L. Aagaard-Mogensen, R. Pinxten, et F. Vandamme (éd.), Gent: Communication & Cognition, 1987 [contributions de L. Aagaard-Mogensen, K. Lorenz, L. Apostel, N. Potter, R. Pinxten, J. Kulenkampff, B. F. Scholtz, M. Gijssens-Gosselin, C. Travis et commentaires de N. Goodman].

« More Ways of Worldmaking », *Journal of Aesthetic Education* 25, 1 (1991), p. 1-112 [contributions de P. Hernadi, N. Goodman, C. Z. Elgin, W. J. T. Mitchell, R. Wollheim, J. S. Ullian, J. Bruner, A. Hawley et la bibliographie de Goodman par S. Berka].

Colloque « Nelson Goodman et les langages de l'art », Centre Georges Pompidou, *Les cahiers du Musée National d'Art Moderne* n° 41, automne 1992 [contributions de N. Goodman, J. Bouveresse, C. Elgin, I. Scheffler, C. Bouchindhomme, R. Rochlitz, P. Pouivet, J.-M. Schaeffer, L. Handjaras, Y. Michaud, J. Snyder, L. Stephan, R. Shusterman, J. Morizot]

« Probing into Reconceptions », *Synthese* 95, 1 (1993), p. 1-128 [contributions de O. R. Scholz, N. Goodman, C. Z. Elgin, G. Küng, R. Rheinwald, W. Heydrich, W. Künne, D. Koppelberg, et réponses].

Actes du Colloque Nelson Goodman 1997, « Manières de faire les mondes », *Philosophia Scientiae* 2, 1-2 (1997). [contributions de N. Goodman, K. Lorenz, G. H. Müller, G. Heinzmann, G. Abel, J.-P. Cometti, I. Delpla, C. Z. Elgin, G. Gabriel, J. Morizot, R. Pouivet, N. Rao, I. Scheffler, H. J. Schneider, R. Schwartz, L. Vax, B. Vouilloux, J. Vuillemin, N. White].

« The Legacy of Nelson Goodman », *Journal of Aesthetics and Art Criticism* (2000) [contributions de C. Carter, J. Robinson, C. Elgin, D. Lopes, J.-P. Cometti, P. Kivy, H. Gardner].

« Special Section on Nelson Goodman », *Erkenntnis* 52, 2 (2000), p. 149-212 [contributions de C. Z. Elgin, R. Schwartz, I. Scheffler, G. Gabriel et O. R. Scholz].

« A Filosofia de Nelson Goodman », VII Simpósio Internacional Principia, Universitade Federal de Santa Catarina, Florianopolis, 2011 (actes à paraître).

Livres portant de manière centrale sur l'œuvre de Goodman

N'ont pas été retenues dans la liste suivante les thèses de doctorat, principalement soutenues aux États-Unis; en revanche, sont mentionnés des ouvrages qui ne sont pas des monographies mais comportent une analyse d'aspects importants des travaux de Goodman.

BAUMBERGER C., *Gebaute Zeichen. Eine Symboltheorie der Architektur*, Frankfurt am Main, Lancaster, Ontos 2010.

BLANC-BENON L., *La question du réalisme en peinture*, Paris, Vrin, 2009.

COHNITZ D. et M. ROSSBERG, *Nelson Goodman*, Acumen Publishing Ltd., «Philosophy Now Series», McGill-Queeen's University Press, 2006.

DARSEL S., *De la musique aux émotions. Une exploration philosophique*, Rennes, P.U.R., 2009.

EBERLE R. A., *Nominalistic Systems*, Reidel, 1970.

ELGIN C. Z., *With Reference to Reference*, Indianapolis, Hackett, 1983.

– *Between the Absolute and the Arbitrary*, Cornell U. P., 1997.

– (éd.), *The Philosophy of Nelson Goodman* – vol. 1 : *Nominalism, Constructivism, and Relativism*; vol. 2 : *Nelson Goodman's New Riddle of Induction*; vol. 3 : *Nelson Goodman's Philosophy of Art*; vol. 4 : *Nelson Goodman's Theory of Symbols and its Applications*, New York, Garland Publishing, 1997.

ERNST G., J. STEINBRENNER, et O. R. SCHOLZ (éd.), *From Logic to Art : Themes from Nelson Goodman*, Ontos, «Philosophical Research 7», 2009

FRANZINI E. et M. LA MATINA (éd.), *Nelson Goodman, la filosofia e i linguaggi*, Quodlibet Studio. Analisi filosofiche, 2007.

GAFF H., *Qu'est-ce qu'une œuvre architecturale ?*, Vrin, 2007.

GENETTE G., *L'Œuvre de l'art*, t. 1 : *Immanence et transcendance*, Éditions du Seuil, 1994.

GKOGKAS N., *Nelson Goodman and the Case for a Kalological Aesthetics*, Basingstoke, Palgrace Macmillan, 2008.

GOSSELIN M., *Nominalism and Contemporary Nominalism: Ontological and Epistemological Implications of the Work of W.V.O. Quine and of N. Goodman*, Dordrecht, Kluwer Academic, 1990.

HACKING I., *Le plus pur nominalisme*. L'énigme de Goodman : «vleu» et usages de «vleu», trad. fr. R. Pouivet, Éditions de l'éclat, 1993.

HAUSMAN A. et WILSON F., *Carnap and Goodman : Two Formalists*, The University of Iowa Press, Nijhoff, 1967.

HERR L.E., *Goodman and the Semiotic Theory of Art*, Marquette University, 1985.

HUGLO P.-A., *Le vocabulaire de Goodman*, Ellipses, 2002.

JORDAN J.W., *System and Shadow : Towards an Aesthetic of Social Action*, Saybrooke Institute, 1984.

JULLIEN C., *Esthétique et mathématiques. Une exploration goodmanienne*, Presses Un. de Rennes, 2008.

KULVICKI J., *On Images*, Clarendon Press, Oxford, 2006.

LOPES D., *Understanding Pictures*, Clarendon Press, Oxford, 1996.

LORIES D., *Expérience esthétique et ontologie de l'œuvre* (Regard «continental» sur la philosophie analytique de l'art), Académie Royale de Belgique, 1989.

MAHRENHOLZ S., *Musik und Erkenntnis : Eine Studie im Ausgang der Allgemeinen Symboltheorie Nelson Goodmans*, Metzler Verlag, Stuttgart, 2000. (2e édition ; 1re édition 1997.)

MCCORMICK P. J., *Starmaking : Realism, Anti-Realism, and Irrealism*, Cambridge MA, MIT Press, 1996 [reprend des textes de Goodman, Scheffler, Putnam, Hempel, et des réponses croisées de ces auteurs]

MITCHELL W.J.T., *Iconology : Image, Text, Ideology*, The University of Chicago Press, 1986.

MORIZOT J., *La philosophie de l'art de Nelson Goodman*, Nîmes, Éditions Jacqueline Chambon, 1996 ; 2e éd. entièrement révisée sous le titre *Avant la philosophie de l'art. Modèles goodmaniens de la symbolisation*, Vrin, 2011.

PAETZOLD H., *The symbolic language of culture, fine arts and architecture: Consequences of Cassirer and Goodman* (3 Trondheim lectures), Trondheim, FF Edition, 1997.

PERKINS D. and B. Leondar (éd.), *The Arts and Cognition*, The Johns Hopkins U. P., 1977.

POUILLAUDE F., *Le désœuvrement chorégraphique*, Vrin, 2009.

POUIVET R., *Esthétique et logique*, Mardaga, 1996.

– *L'ontologie de l'œuvre d'art*, Éditions Jacqueline Chambon, 1999; 2e éd., Vrin, 2010.

– *Le réalisme esthétique*, P.U.F., 2006.

– (éd.), *Lire Goodman. Les voies de la référence*, Éditions de l'éclat, 1992.

REIMER B. et J. E. WRIGHT (éd.), *On the Nature of Musical Experience*, University Press of Colorado, 1992.

RICŒUR P., *La Métaphore vive* (7e étude), Éditions du Seuil, 1975.

RIO J. A., *Contemporary Aesthetic Theory Applied to Dance as a Performing Art*, The University of Nebraska, 1981.

ROCHLITZ R., *L'art au banc d'essai*, Paris, Gallimard, 1998.

SCHAEFFER J.-M., *Les célibataires de l'art. Pour une esthétique sans mythes*, Paris, Gallimard, 1996.

SCHEFFLER I., *Beyond the Letter: A Philosophical Inquiry into Ambiquity, Vagueness and Metaphor in Language*, Routledge, 1979 et 2010.

– *Symbolic Worlds: Art, Science, Language, Ritual*, Cambridge U. P., 1997.

SCHOLZ O. R., *Bild, Darstellung, Zeichen: Philosophische Theorien bildhafter Darstellungen*, Freiburg, München, Alber, 1991; seconde édition entièrement révisée, Frankfurt am Main, Klostermann, 2004.

SHOTTENKIRK D., *Nominalism and Its Aftermath: The Philosophy of Nelson Goodman*, « Synthese Library », vol. 343, Berlin, Springer Verlag, 2009.

STALKER D. (éd.), *Grue! The New Riddle of Induction*, Chicago, Open Court, 1994.

STEINBRENNER J., O. R. Scholz, G. Ernst (éd.), *Symbole, Systeme, Welten. Studien zur Philosophie Nelson Goodmans*, Heidelberg, Synchron, 2005.

THURNAU D., *Gedichtete Versionen der Welt: Nelson Goodmans Semantik fiktionaler Literatur*. Paderborn, Schoningh, 1994.

VUILLEMIN J., *La logique et le monde sensible*, Flammarion, 1971.

WOLTERSTORFF N., *Works and Worlds of Art*, Oxford, Clarendon Press, 1980.

Quelques articles parmi les plus significatifs pour une appréhension et une discussion de la pensée de Goodman

ARRELL D., « What Goodman Should Have Said About Representation », *The Journal of Aesthetics and Art Criticism*, 1987.

BACH K., « Part of What a Picture Is », *The British Journal of Aesthetics*, vol. 10, 1970.

BAETENS J., « Autographe / allographe. A propos d'une distinction de Nelson Goodman », *Revue de l'Université de Louvain*, t. 86, 4ᵉ série, n°69, fév. 1988.

BOHN J. W., « Museums and the Culture of Autography », *The Journal of Aesthetics and Art Criticism*, 1999, vol. 57 n°1.

BOUVERESSE J., « Fait, fiction et diction », *Les cahiers du Musée National d'Art Moderne*, n° 41, automne 1992.

DAVIES D., « Works, Texts, and Contexts : Goodman on the Litterary Artwork », *Canadian Journal of Philosophy*, 21 n°5, 1991.

DICKIE G., « Evaluating Art », *British Journal of Aesthetics*, 25 (1), 1985.

ELGIN C. Z., « Comprendre : l'art et la science », in *Lire Goodman*, Éditions de l'éclat, 1992.

– « Les fonctions de la fiction », *Les cahiers du Musée National d'Art Moderne* n° 41, 1992.

– « Sign, Symbol, and System », *The Journal of Aesthetic Education*, vol. 25 n° 1, 1991.

– « What Goodman Leaves Out », *idem*.

GENETTE G., *Fiction et diction*, Paris, Éditions du Seuil, 1992.

– « Peut-on boucher une fenêtre avec un Rembrandt ? », *Libération*, 6 septembre 1990.

GOMBRICH E. H., « The "What" and the "How" : Perceptive Representation and the Phenomenal World », *in* Rudner et Scheffler (éd.), *Logic and Art, Essays in Honour of Nelson Goodman*, Bobbs-Merrill Co., 1972.

GOODRICH R. A., « Goodman on Representation and Resemblance », *The British Journal of Aesthetics*, vol. 28, n° 1, hiver 1988.

HARRIS N. G. E., « Goodman's Account of Representation », *The Journal of Aesthetics and Art Criticism*, vol. 31 n°3, 1973.

HAUGELAND J., « Analog and Analog », *in* Biro et Shahan (ed), *Mind, Brain and Fonction*, Harvester Press, 1982.

HOWARD V., « The Convertibility of Symbols : A Reply to Goodman's Critics », *British Journal of Aesthetics*, 15, 1975.

HANDJARAS L., « Entre logique et littérature : Goodman, Calvino et la construction des mondes », *Les cahiers du Musée National d'Art Moderne*, n° 41, automne 1992.

JENSEN H., « Exemplification in Nelson Goodman's Aesthetic Theory », *The Journal of Aesthetics and Art Criticism*, 1973, vol. 32 n°1.

KJØRUP S., « Pictorial Speech Acts », *Erkenntnis* 12, 1978.

LEVINSON L., « Autographic and Allographic Art Revisited » in *Music, Art and Metaphysics*, Cornell U. P., 1990, 2ᵉ éd. Oxford U. P., 2011.

LOPES D., « Pictorial Realism », *The Journal of Aesthetics and Art Criticism*, vol. 53 n°3, 1995.

LORD C. et J. Benardete, « Baxandall and Goodman » *in* S. Kemal et Y. Gaskell (éd.), *The Language of Art History*, Cambridge U. P., 1992.

LOWE V., « Professor Goodman's Concept of an Individual », *The Philosophical Review*, 1953, vol. 62 n°1.

MARGOLIS J., « The Eclipse and Recovery of Analytic Aesthetics » *in* 1989, Shusterman.

MICHAUD Y., « Ressemblances et fictions. Remarques sur l'histoire de l'art à partir de Nelson Goodman », *Les cahiers du Musée National d'Art Moderne*, n° 41, automne 1992.

MITCHELL W. J. T., « How Good Is Nelson Goodman ? », *Poetics Today*, vol. 7 (1), 1986.

– « Realism, Irrealism, and Ideology : A Critique of Nelson Goodman », *The Journal of Aesthetic Education*, 25 (1), 1991.

MORIZOT J., « L'art et la logique. Présentation de Nelson Goodman », *Philosophie* n° 5, Minuit, février 1985.

– « Éloge de la construction », in *Lire Goodman*, Éditions de l'éclat, 1992.

– « Monde, versions et textes », *in* C. Berner et D. Thouart (éd.), *Sens et interprétation*, Presses universitaires du Septentrion, 2008.

– « Phénoménalisme épistémologique et physicalisme esthétique » (à paraître).

MORTON L. H. et T. R. FOSTER, « Goodman, Forgery and the Aesthetic », *The Journal of Aesthetics and Art Criticism*, 1991, vol. 49 n°2.

NAGEL E., « "Or As A Blanket" : Some Comments and Questions on Exemplification », *Journal of Aesthetics and Art Criticism*, 39, 1981.

PEACOCKE C., « Depiction », *The Philosophical Review*, XCVI, 3, 1987.

PILLOW K., « Did Goodman's Distinction Survive LeWitt ? », *The Journal of Aesthetics and Art Criticism*, 2003, vol. 61 n°4.

POUIVET R., « *L'esthétique est-elle inexprimable ?* », in *Lire Goodman*, Éditions de l'éclat, 1992.

– « L'irréalisme : deux réticences », *Philosophia Scientiæ*, vol. 2, cahier 2, 1997.

PUTNAM H., « *Faits, fictions et prédictions* de Nelson Goodman » in *Le réalisme à visage humain*, Harvard U.P., 1990, trad. fr. C. Tiercelin, Paris, Seuil, 1994 ; Tel-Gallimard, 2011.

« Reflections on Goodman's *Ways of Worldmaking* » in *Philosophical Papers 3*, Cambridge U. P., 1983 et P. McCormick (éd.), 1996.

– « Irrealism and Deconstruction » in *Renewing Philosophy*, Harvard U. P., 1992 et P. McCormick (ed), 1996.

ROBINSON J., « Two Theories of Representation », *Erkenntnis*, vol. 12 n°1, 1978, trad. fr. in *Esthétique contemporaine*.

– « Some Remarks on Goodman's Language Theory of Pictures », *The British Journal of Aesthetics*, vol. 19 n°1, 1979.

ROCHLITZ R., « Logique cognitive et logique esthétique (2) », *Les cahiers du Musée National d'Art Moderne*, n° 41, automne 1992.

RODRIGUEZ-PEREIRA G., « Resemblance Nominalism and the Imperfect Community », *Philosophy and Phenomenological Research*, n°59, 1999.

SAVILE A., « Nelson Goodman's "Languages of Art" : A Study », *The British Journal of Aesthetics*, 1971, vol. 11 n°1.

SCHAEFFER J.-M., « "Nelson Goodman en poéticien" : Trois esquisses », *Les cahiers du Musée National d'Art Moderne*, n° 41, automne 1992.

SCHOLZ O. R., « When Is a Picture ? », *Synthese*, 95 n°1, 1993.

SCHWARTZ R., « Representation and Ressemblance », *The Philosophical Forum*, 7, 1975.

– « Works, Works Better », *Erkenntnis*, 38, 1993.

SHUSTERMAN R., « Analyzing Analytic Aesthetics », in *Analytic Aesthetics*, B. Blackwell, 1989.

URMSON J. O., « The Methods of Aesthetics », *in* 1989, Shusterman.

VUILLEMIN J., Compte rendu de « Langages de l'art », *L'âge de la science*, vol. III n° 1, 1970.

WANG H., « What Is an Individual ? », *The Philosophical Review*, 1953, vol. 62 n°3.

WOLLHEIM R., « The Core of Aesthetics », *The Journal of Aesthetic Education*, 25 (1), 1991.

WREEN M., « Goodman on Forgery », *The Philosophical Quaterly*, vol. 33 n°133, 1983.

De nombreux articles mentionnés ci-dessus ont été republiés dans les quatre volumes de *The Philosophy of Nelson Goodman*, sous la direction de Catherine Elgin.

INDEX NOMINUM

TABLE DES MATIÈRES

Imprimerie de la manutention à Mayenne - Octobre 2011 - N° 775702G
Dépôt légal : octobre 2011

Imprimé en France